AI로 여는 새로운 영어회화 시대

영어 프리토킹 100일의 기적 with AI

영어 프리토킹 100일의 기적

지은이 에스텔
펴낸이 임상진
펴낸곳 (주)넥서스

초판 1쇄 발행 2026년 1월 10일
초판 5쇄 발행 2026년 2월 3일

출판신고 1992년 4월 3일 제311-2002-2호
10880 경기도 파주시 지목로 5
Tel (02)330-5500 Fax (02)330-5555

ISBN 979-11-24028-32-2 13740

가격은 뒤표지에 있습니다.
잘못 만들어진 책은 구입처에서 바꾸어 드립니다.

www.nexusbook.com

영어회화용
챗GPT 프롬프트
수록

AI로 여는 새로운 영어회화 시대

영어 프리토킹 100일의 기적 with AI

에스텔 지음

AI 시대, 나만의 과외 선생님
챗GPT를 활용한 **영어 말하기 훈련**

표현 > 문장 구조 > 혼자 말하기 > 실전 프리토킹

4단계 체계적인 학습 훈련　원어민 MP3 제공

넥서스

머리말

저는 23살까지 영어로 자기소개도 못하던 사람이었습니다. 영어 앞에서는 늘 얼어붙었고, 회화책 암기나 미드 듣기, 전화 영어도 도전해 봤지만 모두 작심삼일을 반복하며 실패했습니다. 그랬던 제가 단 하나의 방법을 발견한 뒤 영어 인생이 완전히 바뀌었습니다. 해외 어디든 자유여행을 하고, 미국 대학생들과 창업을 했으며, 국제학교 영어 교사가 되었고, TV 영어 방송도 진행했습니다. 제 노하우를 담은 유튜브와 책, 강의는 많은 분들의 사랑을 받게 되었습니다.

이 책을 쓰며 다시 돌아보니, 영어 성공의 핵심은 딱 두 가지였습니다. 직접 문장을 만들 수 있는 능력과 무수한 실전 경험이었습니다. 영어를 포기하는 이유는 대부분 무작정 외우기 때문입니다. 사람은 외운 문장을 읊조리듯 말하지 않습니다. 어떤 상황에서도 문장을 스스로 만들어 말하는 뇌 회로가 필요합니다. 그게 제가 발견한 단 하나의 방법, 바로 원어민의 머릿속 규칙이었습니다.

이 방법은 제 강의와 전작 〈쉬운 단어로 1분 영어 말하기〉의 기반이 되었고, 수강생들은 이를 바탕으로 실제로 영어 말하기 목표를 이루기 시작했습니다. 그러나 이렇게 영어를 학습해도 실제로 영어로 말할 수 있는 기회가 많지 않다는 것이 문제였습니다. 하지만 챗GPT가 등장하며 상황이 완전히 달라졌습니다. 이제는 언제 어디서나, 내 수준에 딱 맞춘 실전 영어 대화를 AI와 원하는 만큼 할 수 있습니다. 실수해도 부끄럽지 않고, AI가 내 레벨에 맞춰 상대해 주며, 틀린 부분은 바로바로 교정해 주는 완벽한 개인 과외 선생님이 생긴 셈이죠.

저 역시 요즘에는 원어민보다 AI와 대화하는 시간이 더 많아졌습니다. AI에게 Lexi라는 이름도 붙여 주었고, 매일 아침 출근길을 "Hey, Lexi!"로 시작합니다. 무엇보다 이 시간이 너무 재미있어서 하루 중 가장 기다려지는 순간이 되었습니다.

이 책에서는 일상에서 쓰는 모든 대화를 100개의 주제로 압축해 담았습니다. 왼쪽 페이지에서는 오늘의 표현과 문장 구조로 직접 문장을 만드는 연습을 할 수 있고, 오른쪽 페이지에서는 스크립트로 혼자서 15초 동안 큰 소리로 프리토킹 연습을 한 뒤, AI와 롤플레잉으로 대화할 수 있습니다. 100일 동안 집중해서 연습하면, AI와 대화하는 것이 자연스럽고, 평생 즐길 수 있는 습관이 될 것입니다.

틀려도 괜찮습니다. 매일 AI와 영어로 대화하는 사람이야 말로 진정한 영어 마스터가 아닐까요? 이제 영어는 재능이나 해외 경험의 문제가 아니라, 기술을 활용해 얼마나 꾸준히 하느냐로 결정됩니다. 이 책을 끝낼 즈음이면, 영어로 말하는 자신이 더 이상 어색하지 않고 오히려 영어를 즐기게 될 것입니다. 이 책이 여러분의 영어 인생에 가장 큰 전환점이 되기를 진심으로 바랍니다.

저자 **에스텔**

이 책의 활용법

Day 01 나에 대해 About Me

오늘의 표현

live in ~에 살다	work in ~에서 일하다	spend time with ~와 시간을 보내다
be into ~에 관심이 많다	About Me	work out 운동하다, 몸을 만들다
get lazy 게을러지다	work on 꾸준히 노력하다	challenging 힘들지만 보람 있는

오늘의 문장 구조

현재 시제로 말하기: 일반적인 사실이나 현재의 상태, 반복되는 행동을 말할 때 써요.

1. 나는 서울에 살고 IT 업계에서 일해.
   I live in Seoul and I work in the field of IT.
2. 나는 일주일에 적어도 3번 운동하려고 해.
   I try to work out at least three times a week.
3. 가끔은 게을러져.
   Sometimes I get lazy.

Vocabulary

education 교육 self-improvement 자기 계발 at least 적어도 get lazy 게을러지다
improve 향상시키다

❶ 오늘의 표현

오늘의 주제와 관련된 표현을 학습할 수 있습니다. 본문 학습 전 기초 단어부터 표현까지 다양하게 학습할 수 있습니다.

❷ 오늘의 문장 구조

〈15초 프리토킹 연습〉에 나오는 핵심 문장의 구조를 학습할 수 있습니다.
미리 문장 구조를 연습해서 다양한 문장을 만들 수 있게 훈련해 보세요.

15초 프리토킹 연습

다음 내용을 큰 소리로 말하면서 연습해 보세요.

> 안녕! 내 이름은 지원이야. 난 서울에 살고, 교육 업계에서 일해. 가족과 친구들과 함께 시간 보내는 걸 좋아해. 나는 자기 계발에 관심이 많아. 일주일에 적어도 3번 운동하려고 하는데 가끔은 게을러져. 나는 책과 유튜브로 영어 실력을 꾸준히 키우고 있어. 힘들지만, 그 과정을 즐기고 있어.

Hi! My name is Jiwon. I live in Seoul, and I work in the field of education. I love spending time with my family and friends. I'm really into self-improvement. I try to work out at least three times a week, but sometimes I get lazy. I work on improving my English through books and YouTube videos. It's challenging, but I enjoy the process.

11

❸ 15초 프리토킹 연습

AI와 대화를 하기 전 먼저 혼자서 말하는 연습을 해 보세요. 이 연습을 충분히 해야 AI와 자유롭게 대화할 수 있습니다.
여기서 학습한 내용을 바탕으로 다음 단계인 〈실전 롤플레이 프리토킹〉에서 활용해 보세요.

실전 롤플레이 프리토킹

프롬프트 확인하기

Where do you live and what industry do you work in?

나는 판교에 살고 IT 업계에서 일해.

What are you into?

나는 자기 계발에 관심이 많아.

Isn't self-improvement challenging?

힘들긴 하지만, 과정을 즐기고 있어.

❹ 실전 롤플레이 프리토킹

이제 AI와 영어로 대화할 시간입니다. 이전 3단계를 충분히 학습했다면 자연스럽게 영어로 말할 수 있습니다.
QR코드를 스캔해서 프롬프트를 복사한 후 챗GPT에 입력하면 영어로 대화할 수 있습니다.

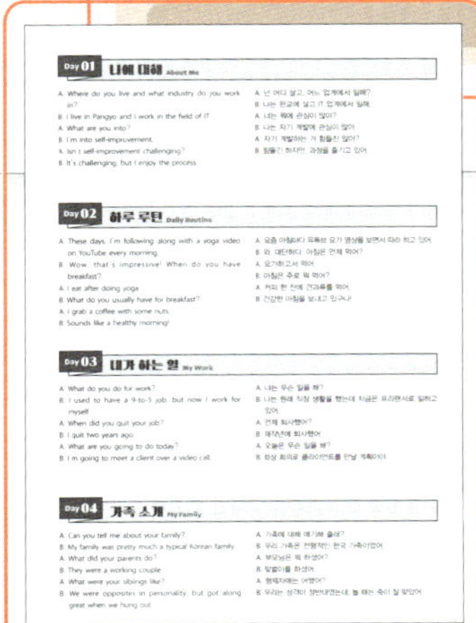

별책 부록

〈실전 롤플레이 프리토킹〉의 대화문 전문을 수록했습니다.
별책으로 구성하여 대화문을 간편하게 복습할 수 있습니다.

AI 활용하기

본 도서를 100% 활용하기 위해서는 챗GPT 또는 제미나이와 같은 AI툴 사용을 적극 권장합니다. 이런 AI툴은 누구나 쉽게 이용할 수 있으며, 영어회화 학습에 큰 도움이 됩니다.

❶ 챗GPT 또는 제미나이 앱 설치하기

앱스토어 또는 구글 플레이스토어에서 챗GPT, 제미나이를 검색 후 앱을 설치해 주세요. 회원 가입 후 무료로 사용 가능합니다. 하루에 사용 한도가 있지만 무료 범위 내에서도 하루 학습량을 달성할 수 있습니다. 추가 학습이 필요한 경우 유료 모델을 사용해 봐도 좋습니다.

ChatGPT Gemini

❷ 프롬프트 복사해서 넣기

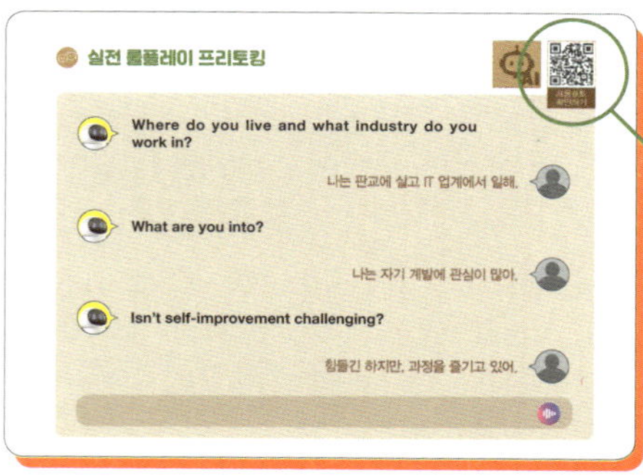

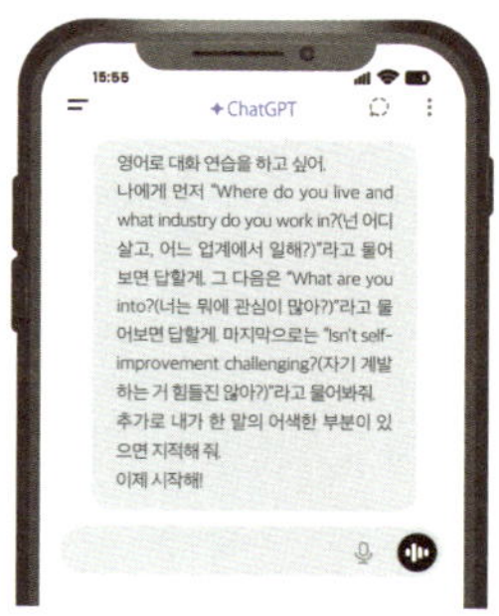

본문에 있는 QR코드를 스캔한 후 QR코드의 텍스트를 챗GPT 또는 제미나이에 입력해 보세요. 그럼 본문에 있는 대화문을 AI와 역할극 형식으로 대화할 수 있습니다.

❸ AI와 자유롭게 대화하기

본문에 있는 대화문을 기반으로 AI와 추가로 학습해 보세요. AI가 영어 과외 선생님이라고 생각하고 질문도 하고 자유롭게 대화해 보세요.

예시 1) 방금 대화한 대화문을 바탕으로 새로운 질문을 해 주세요.

예시 2) 일상생활 관련된 내용으로 영어로 대화하고 싶어요. 어색한 부분은 교정을 해 주세요.

원어민 MP3 듣기

❶ 스마트폰에서 MP3 바로 듣기

MP3

스마트폰으로 QR코드를 인식하면
MP3를 바로 들을 수 있습니다.

❷ 컴퓨터에서 MP3 다운받기

넥서스 홈페이지(www.nexusbook.com)에서
도서명으로 검색하시면,
회원 가입 없이 바로 무료로 다운받을 수 있습니다.

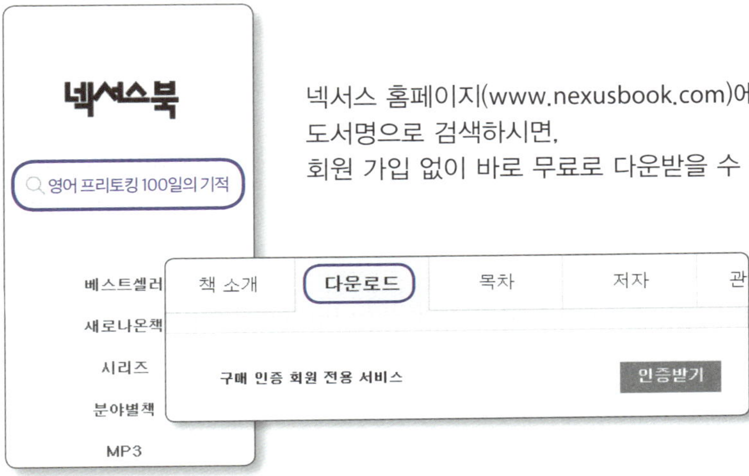

추가 학습 콘텐츠

❶ 저자 유튜브

에스텔 저자가 운영하는 유튜브 채널 '에스텔잉글리쉬'에서 영어 관련 다양한 콘텐츠를 학습할 수 있습니다. 선생님의 꼼꼼하고 친절한 동영상 콘텐츠를 보며 도서 학습에 도움을 받아 보세요.

저자 유튜브
바로가기

❷ 저자 홈페이지

저자가 운영하는 '에스텔잉글리시' 홈페이지에서는 보다 체계적인 영어 학습이 가능합니다. 추가 학습을 원하시면 홈페이지를 방문해 보세요.

목차

PART 1 일상

Day 001 나에 대해 About Me 18
Day 002 하루 루틴 Daily Routine 20
Day 003 내가 하는 일 My Work 22
Day 004 가족 소개 My Family 24
Day 005 집안일 담당 Housework 26
Day 006 친구 관계 Friendship 28
Day 007 날씨 이야기 Weather Talk 30
Day 008 오늘 있었던 일 Sharing My Day 32
Day 009 주말 계획 Weekend Plans 34
Day 010 이동 수단 Getting Around 36

PART 2 취향과 관심사

Day 011 요리 스킬 Cooking Skills 40
Day 012 맛집 탐방 Food Adventures 42
Day 013 영화와 미드 Movies and TV Shows 44
Day 014 커피와 음료 Coffee and Drinks 46
Day 015 좋아하는 공연 Favorite Performances 48
Day 016 음악 감상 Listening to Music 50
Day 017 패션 취향 Fashion Taste 52
Day 018 쇼핑 습관 Shopping Habits 54
Day 019 집 꾸미기 Home Deco 56
Day 020 반려 동물 키우기 Pet Care 58

PART 3 취미와 여가

Day 021 여행 이야기 Travel Stories 62

Day 022 OTT 서비스 Streaming Platforms 64

Day 023 라이브 콘서트 Live Concerts 66

Day 024 게임 즐기기 Enjoying Games 68

Day 025 전시 나들이 Exhibition Visits 70

Day 026 책 읽기 Reading Books 72

Day 027 글쓰기의 즐거움 The Joy of Writing 74

Day 028 캠핑 경험 Camping Experience 76

Day 029 스포츠 경기 관람 Watching Sports 78

Day 030 특별한 취미 Special Hobby 80

PART 4 일과 학업

Day 031 직장 생활 Life at Work 84

Day 032 워라밸 Work-Life Balance 86

Day 033 출퇴근 Commuting 88

Day 034 직장 고민 Workplace Dilemma 90

Day 035 이직 준비 Job Transition 92

Day 036 시간 관리 Time Management 94

Day 037 창업 아이디어 Business Ideas 96

Day 038 자기 계발 Self-Improvement 98

Day 039 외국어 공부 Language Learning 100

Day 040 고학력 도전 Academic Goals 102

PART 5 건강과 웰빙

Day 041 건강 관리 팁 Health Tips 106

Day 042 규칙적인 운동 Regular Exercise 108

Day 043 기분과 감정 Mood and Emotions 110

Day 044 스트레스 해소 Stress Relief 112

Day 045 다이어트 목표 Diet Goals 114

Day 046 영양제 섭취 Taking Supplements 116

Day 047 충분한 휴식 Getting Enough Rest 118

Day 048 숙면 취하기 Quality Sleep 120

Day 049 건강검진 Health Check-ups 122

Day 050 가족의 건강 Family Health 124

PART 6 인간관계

Day 051 연애와 결혼 Dating and Marriage 128

Day 052 아이와 육아 Parenting and Kids 130

Day 053 친구와의 추억 Memories with Friends 132

Day 054 부모님 건강 Parents' Health 134

Day 055 형제자매 근황 Sibling Updates 136

Day 056 친척 모임 Relatives Gathering 138

Day 057 나의 오랜 친구들 My Oldest Friends 140

Day 058 성격 유형 Personality Types 142

Day 059 갈등 해결 방법 Conflict Resolution 144

Day 060 인간관계 피로 Relationship Burnout 146

PART 7 트렌드

Day 061 뷰티 트렌드 Beauty Trends 150

Day 062 배달 문화 Delivery Culture 152

Day 063 스마트폰 Smartphones 154

Day 064 콘텐츠 시청 Viewing Content 156

Day 065 소셜 미디어 Social Media 158

Day 066 케이팝 K-pop 160

Day 067 한국 드라마 K-drama 162

Day 068 한국 음식 K-food 164

Day 069 라이프 스타일 Lifestyle 166

Day 070 소비 성향 Spending Habits 168

PART 8 가치관

Day 071 행복 Happiness 172

Day 072 성공의 기준 The Standard of Success 174

Day 073 돈과 삶의 관계 Money and Life 176

Day 074 삶의 우선순위 Life Priorities 178

Day 075 자존감 Self-Esteem 180

Day 076 경쟁과 협력 Competition and Cooperation 182

Day 077 도전과 실패 Challenges and Failures 184

Day 078 이상과 현실 Ideals and Reality 186

Day 079 성장과 안주 Growth and Comfort 188

Day 080 인생의 의미 The Meaning of Life 190

PART 9 사회적 이슈

Day 081 기술 격차 Digital Divide 194

Day 082 가짜 뉴스 Fake News 196

Day 083 정치에 대한 관심 Interest in Politics 198

Day 084 물가 상승 Rising Costs 200

Day 085 환경 오염 Environmental Pollution 202

Day 086 타인과의 비교 Me vs. Others 204

Day 087 인공지능 시대 Artificial Intelligence 206

Day 088 저출산 Low Birth Rate 208

Day 089 일자리 대체 Job Replacement 210

Day 090 100세 시대 Living to 100 212

PART 10 미래 계획

Day 091 자아 실현 Personal Fulfillment 216

Day 092 재테크 Investment 218

Day 093 파이어족 Early Retirement Goals 220

Day 094 살고 싶은 집 Dream House 222

Day 095 경제적 자유 Financial Freedom 224

Day 096 어릴 적 꿈 Childhood Dreams 226

Day 097 현재의 꿈 Current Goals 228

Day 098 버킷리스트 Bucket List 230

Day 099 5년 후 In Five Years 232

Day 100 10년 후 In Ten Years 234

MP3 바로 듣기

PART 1

일상

Daily Life

Day 1–10

Day 01 나에 대해 About Me

오늘의 표현

live in ~에 살다	**work in** ~에서 일하다	**spend time with** ~와 시간을 보내다
be into ~에 관심이 많다	**About Me**	**work out** 운동하다, 몸을 만들다
get lazy 게을러지다	**work on** 꾸준히 노력하다	**challenging** 힘들지만 보람 있는

오늘의 문장 구조

현재 시제로 말하기: 일반적인 사실이나 현재의 상태, 반복되는 행동을 말할 때 써요.

1. 나는 서울에 살고 IT 업계에서 일해.
   I live in Seoul and I work in the field of IT.
2. 나는 일주일에 적어도 3번 운동하려고 해.
   I try to work out at least three times a week.
3. 가끔은 게을러져.
   Sometimes I get lazy.

Vocabulary

education 교육 self-improvement 자기 계발 at least 적어도 get lazy 게을러지다
improve 향상시키다

15초 프리토킹 연습

다음 내용을 큰 소리로 말하면서 연습해 보세요.

안녕! 내 이름은 지원이야. 난 서울에 살고, 교육 업계에서 일해. 가족과 친구들과 함께 시간 보내는 걸 좋아해. 나는 자기 계발에 관심이 많아. 일주일에 적어도 3번 운동하려고 하는데 가끔은 게을러져. 나는 책과 유튜브로 영어 실력을 꾸준히 키우고 있어. 힘들지만, 그 과정을 즐기고 있어.

Hi! My name is Jiwon. I live in Seoul, and I work in the field of education. I love spending time with my family and friends. I'm really into self-improvement. I try to work out at least three times a week, but sometimes I get lazy. I work on improving my English through books and YouTube videos. It's challenging, but I enjoy the process.

실전 롤플레이 프리토킹

프롬프트 확인하기

Where do you live and what industry do you work in?

나는 서울에 살고 교육 업계에서 일해.

What are you into?

나는 자기 계발에 관심이 많아.

Isn't self-improvement challenging?

힘들긴 하지만, 과정을 즐기고 있어.

Day 02 하루 루틴 Daily Routine

오늘의 표현

start my day 하루를 시작하다	with some exercise 운동과 함께	follow along with a yoga video 요가 영상 동작을 따라 하다
grab a coffee 커피를 마시다	Daily Routine	take a shower 샤워하다
get ready 준비하다	on my way to work or home 출퇴근길에	go to bed 자러 가다

오늘의 문장 구조

be -ing(~하는 중이야)로 말하기: 최근 또는 지금 잠깐 진행되고 있는 일을 말할 때 써요.

1. 요즘, 나는 운동으로 하루를 시작하고 있어.
   These days, I'm starting my day with some exercise.
2. 최근에 태블릿으로 책을 읽고 있어.
   Lately, I'm reading a book on my tablet.
3. 나는 지금 유튜브의 요가 영상 동작을 따라 하고 있어.
   I'm following along with a yoga video on YouTube now.

Vocabulary

turn on 켜다　follow along 따라 하다　grab (간단히) 먹다　lately 요즘
impressive 대단한

15초 프리토킹 연습

다음 내용을 큰 소리로 말하면서 연습해 보세요.

요즘, 나는 운동으로 하루를 시작하고 있어. 유튜브에서 요가 영상을 틀고 따라 하지. 그 다음에 아침으로 커피 한 잔에 견과류를 먹고, 샤워를 한 뒤 준비를 해. 최근에는 출퇴근길에 태블릿으로 책을 읽고 있어. 나는 보통 밤 11시쯤 자러 가.

These days, I'm starting my day with some exercise. I turn on a yoga video on YouTube and follow along. Then, I grab a coffee with some nuts for breakfast, take a shower, and get ready. Lately, I'm reading a book on my tablet on my way to work or home. I usually go to bed around 11 PM.

실전 롤플레이 프리토킹

프롬프트 확인하기

How do you start your day?

요즘, 나는 운동으로 하루를 시작하고 있어.

What do you do next?

그 다음에 아침으로 커피 한 잔에 견과류를 먹고,
샤워를 한 뒤 준비를 해.

What time do you usually go to bed?

나는 보통 밤 11시쯤 자러 가.

Day 03 내가 하는 일 My Work

오늘의 표현

a 9-to-5 job 일반 직장	work for myself 프리랜서로 일하다, 자영업을 하다	start my mornings by ~ 아침을 ~로 시작하다
check my inbox 메일함을 확인하다	My Work	a deadline coming up 다가오는 마감일
meet a client 클라이언트를 만나다	over a video call 화상 회의로	at work 내가 하는 일에서

오늘의 문장 구조

be going to(~할 계획이야)로 말하기: '~하려고 상황이 진행되어 가고 있다'는 뉘앙스로, 가벼운 계획을 말할 때 써요.

1. 오늘 아주 바쁠 거야.
   I'm going to be really busy today.
2. 메일함과 스케줄을 확인하려고 해.
   I'm going to check my inbox and schedule.
3. 나는 화상 회의로 클라이언트를 만날 계획이야.
   I'm going to meet a client over a video call.

Vocabulary

9-to-5 정시근무의, 9시부터 5시까지 일하는	quit 그만두다	inbox 이메일 수신함
coming up 다가오는	video call 화상 회의	do one's best 최선을 다하다

15초 프리토킹 연습

다음 내용을 큰 소리로 말하면서 연습해 보세요.

> 나는 원래 직장 생활을 했는데 재작년에 퇴사했어. 지금은 프리랜서로 일하고 있어. 나는 아침마다 메일함과 스케줄을 확인하며 하루를 시작해. 마감일이 다가와서 오늘 아주 바쁠 거야. 나는 화상 회의로 클라이언트도 만날 계획이야. 나는 내 업무에 최선을 다하고 있어.

I used to have a 9-to-5 job, but I quit my job two years ago. Now, I work for myself. I start my mornings by checking my inbox and schedule. I have a deadline coming up, so I'm going to be really busy today. I'm also going to meet a client over a video call. I'm doing my best at work.

실전 롤플레이 프리토킹

프롬프트 확인하기

What do you do for work?

나는 원래 직장 생활을 했는데 지금은 프리랜서로 일하고 있어.

When did you quit your job?

재작년에 퇴사했어.

What are you going to do today?

화상 회의로 클라이언트를 만날 계획이야.

Day 04 가족 소개 My Family

오늘의 표현

typical Korean family 전형적인 한국 가족	hard-working 부지런한, 성실한	office worker 회사원
all-rounder at home 만능 살림꾼	**My Family**	a working couple 맞벌이 부부
an opposite in personality 성격이 정반대인 사람	get along great 죽이 잘 맞다	hang out 함께 어울려 시간을 보내다

오늘의 문장 구조

과거 시제로 말하기: 지금보다 전에 일어난 일을 말할 때 과거 시제로 말해요. 한국어도 '하다'에서 '했다'로 하면 과거 표현이 되는 것처럼요.

1. 우리 엄마는 만능 살림꾼이었어.
   My mom was an all-rounder at home.

2. 내가 자란 후에는, 엄마도 일을 시작하셨어.
   When I got older, my mom started working too.

3. 우리는 함께 어울려 시간을 보낼 때 죽이 잘 맞았어.
   We got along great when we hung out.

Vocabulary

typical 전형적인 / all-rounder 만능인 사람 / get older 나이가 들다 / sibling 형제자매
opposite 정반대인 사람 / personality 성격 / get along 잘 지내다

15초 프리토킹 연습

다음 내용을 큰 소리로 말하면서 연습해 보세요.

우리 가족은 전형적인 한국 가족이었어. 아빠는 성실한 회사원이었고, 엄마는 만능 살림꾼이었지. 내가 자란 후에는 엄마도 일을 시작하셔서 부모님이 맞벌이를 하셨어. 내 형제자매들과 나는 성격이 정반대였지만, 놀 때는 죽이 잘 맞았어.

My family was pretty much a typical Korean family. My dad was a hard-working office worker, and my mom was an all-rounder at home. When I got older, my mom started working too, so they became a working couple. My siblings and I were opposites in personality, but we got along great when we hung out.

실전 롤플레이 프리토킹

프롬프트 확인하기

Can you tell me about your family?

우리 가족은 전형적인 한국 가족이었어.

What did your parents do?

맞벌이를 하셨어.

What were your siblings like?

우리는 성격이 정반대였는데, 놀 때는 죽이 잘 맞았어.

Day 05

집안일 담당 Housework

오늘의 표현

cleaning 청소	cooking 요리	doing the laundry 빨래
be in charge of ~을 담당하다	**Housework**	sell things I don't use anymore 더 이상 안 쓰는 물건을 팔다
organizing 정리	secondhand marketplace app 중고거래 앱	pile up (물건 등이) 쌓이다

오늘의 문장 구조

현재완료 시제로 말하기: 예전부터 지금까지 항상 해 왔던 것을 말할 때 always와 함께 써요.

1. 나는 항상 청소를 담당해 왔어.

   I have always been in charge of cleaning.

2. 나는 항상 빨래를 담당해 왔어.

   I have always been in charge of doing the laundry.

3. 나는 항상 더 이상 안 쓰는 물건을 중고거래 앱에 팔아 왔어.

   I have always sold things I don't use anymore on a secondhand marketplace app.

Vocabulary

when it comes to ~에 관해서라면 especially 특히 sell 팔다 anymore 더 이상
secondhand 중고의 pile up 쌓이다

15초 프리토킹 연습

다음 내용을 큰 소리로 말하면서 연습해 보세요.

나는 요리나 빨래보다 청소를 더 좋아해. 집안일 중에서 항상 청소를 담당해 왔어. 나는 특히 정리하는 것을 좋아하는데, 더 이상 안 쓰는 물건은 항상 중고거래 앱에 팔았어. 나는 집에 물건들이 쌓이는 게 싫더라고.

I like cleaning more than cooking or doing the laundry. I have always been in charge of cleaning when it comes to housework. I especially like organizing, and I have always sold things I don't use anymore on a secondhand marketplace app. I don't like it when things pile up at home.

실전 롤플레이 프리토킹

프롬프트 확인하기

What are you in charge of when it comes to housework?

나는 집안일 중에서 항상 청소를 담당해 왔어.

Why?

나는 요리나 빨래보다 청소가 더 좋더라고.

Do you have any cleaning tips?

난 더 이상 안 쓰는 물건은 언제나 중고거래 앱에 팔아 왔어.

Day 06 친구 관계 Friendship

오늘의 표현

meeting up 만나기	finding nice restaurants 맛집 찾기	chatting 수다 떨기
for hours 몇 시간 동안	**Friendship**	Friendships last forever 우정은 영원하다
help each other 서로 돕다	tough times 힘든 시간들	make our bond stronger 유대감이 끈끈해지다

오늘의 문장 구조

현재완료 시제로 말하기: 이전에 했던 경험에 대해 말할 수 있어요.

1. 사람들이 "우정은 영원하지 않아."라고 말하는 것을 들은 적 있어.
   I have heard people say, "Friendships don't last forever."
2. 우리는 힘든 시간을 이겨내도록 서로 도와준 적이 있어.
   We have helped each other through tough times.
3. 우리는 가족 문제를 이겨내도록 서로 도와준 적이 있어.
   We have helped each other through family problems.

Vocabulary

meet up 약속을 잡고 만나다 / nice restaurant 맛집 / chat 수다를 떨다 / last 지속되다
each other 서로 / tough 힘든 / bond 유대감, 관계

15초 프리토킹 연습

다음 내용을 큰 소리로 말하면서 연습해 보세요.

> 내 가장 친한 친구들은 고등학교 친구들이야. 우리는 만나서 맛집을 찾고 몇 시간씩 수다 떠는 걸 좋아해. 사람들이 "우정은 영원하지 않아."라고 말하는 걸 들은 적 있는데, 나는 그렇게 생각하지 않아. 우리는 전에 힘든 시간을 이겨내도록 서로 도와준 적이 있고, 그래서 더 끈끈해졌어.

My best friends are my high school friends. We love meeting up, finding nice restaurants and chatting for hours. I have heard people say, "Friendships don't last forever," but I don't believe that. We have helped each other through tough times, and that has made our bond stronger.

실전 롤플레이 프리토킹

프롬프트 확인하기

Who are your best friends?

내 가장 친한 친구들은 고등학교 친구들이야.

What do you usually do with them?

우리는 만나서 몇 시간씩 수다 떠는 걸 좋아해.

I have heard people say, "Friendships don't last forever."

흠… 난 전혀 그렇게 생각하지 않아.

Day 07 날씨 이야기 Weather Talk

오늘의 표현

check the weather forecast 일기예보를 확인하다	every morning 매일 아침	on my phone 핸드폰으로
sunny 화창한	**Weather Talk**	fluffy clouds 뭉게구름
feel energized 에너지가 넘치다	rainy days 비 오는 날	in their own way 나름대로

오늘의 문장 구조

현재완료 시제로 말하기: 막 일어난 일을 말 할 때 just와 함께 써요.

1. 방금 핸드폰으로 확인했어.
   I have just checked it on my phone.
2. 방금 뭉게구름 사진을 찍었어.
   I have just taken a picture of the fluffy clouds.
3. 비가 막 내리기 시작했어.
   The rain has just started falling.

Vocabulary

just 막, 방금   check 확인하다   favorite 가장 좋아하는   make 만들다, ~하게 하다
enjoy 좋아하다   peaceful 평화로운

15초 프리토킹 연습

다음 내용을 큰 소리로 말하면서 연습해 보세요.

> 나는 아침마다 일기예보를 확인해. 방금 핸드폰으로 확인했는데, 오늘은 화창하고 뭉게구름이 많이 낀 날씨래. 나는 화창한 날을 가장 좋아하는데, 그런 날은 에너지가 넘치는 기분이 들거든. 하지만 비 오는 날도 나름대로 매력이 있어. 비가 막 내리기 시작하면, 빗소리가 정말 평온하게 느껴져.

I check the weather forecast every morning. I have just checked it on my phone, and it says today will be sunny with lots of fluffy clouds. Sunny days are my favorite because they make me feel energized. But I also enjoy rainy days in their own way. When the rain has just started falling, the sound is so peaceful.

실전 롤플레이 프리토킹

프롬프트 확인하기

Have you checked the weather today?

응, 방금 핸드폰으로 확인했어.

Tell me.

오늘은 화창하고 뭉게구름이 많이 낀 날씨래.

Do you like sunny days?

응! 나는 화창한 날을 가장 좋아하는데,
그런 날은 에너지가 넘치는 기분이 들거든.

Day 08 오늘 있었던 일 Sharing My Day

오늘의 표현

finish everything 모든 것을 끝내다	put off 미루다	for months 몇 달간
wrap up 마무리하다	**Sharing My Day**	to-do list 할 일 목록
finish reading the book 책을 다 읽다	try the new café 새로운 카페에 가 보다	a busy but rewarding day 바쁘지만 보람찬 하루

오늘의 문장 구조

현재완료 시제로 말하기: 결과적으로 하게 된 일을 말할 때 finally와 함께 써요.

1. 드디어 모든 일을 다 끝냈어.
   I have finally finished everything.
2. 드디어 모든 것을 다 마무리했어.
   I have finally wrapped up everything.
3. 드디어 새로 생긴 카페에 가 봤어.
   I have finally tried the new café.

Vocabulary

finish 끝내다 clean 정리하다, 청소하다 try 처음으로 해보다, 시도하다 amazing 굉장한, 매우 좋은
rewarding 보람찬

15초 프리토킹 연습

다음 내용을 큰 소리로 말하면서 연습해 보세요.

> 드디어 몇 달간 미뤘던 일들을 모두 끝냈어. 할 일 목록에 있는 모든 것을 마무리했고, 책상을 정리했고, 지난달에 읽기 시작한 책도 다 읽었어. 집 근처에 새로 생긴 카페도 가 봤는데, 커피가 정말 맛있었어. 바빴지만 보람찬 하루였어.

I have finally finished everything I put off for months. I wrapped up everything on my to-do list, cleaned my desk and finished reading the book I started last month. I also tried the new café near my place, and the coffee was amazing. It was a busy but rewarding day.

실전 롤플레이 프리토킹

프롬프트 확인하기

How was your day?

오늘 드디어 몇 달간 미뤘던 일을 모두 끝냈어.

What did you do?

책상을 정리했고, 지난달에 읽기 시작한 책도 다 읽었어.

Sounds like you had a good day!

응, 바빴지만 보람찬 하루였어.

Day 09 주말 계획 Weekend Plans

오늘의 표현

get my hair permed 파마를 하다	get my hair colored 염색을 하다	this weekend 이번 주말
during the week 주중에	**Weekend Plans**	on the weekend 주말에
buy a nice outfit 좋은 옷을 사다	order fried chicken 치킨을 시켜 먹다	on weekends 주말마다

오늘의 문장 구조

have to(~해야 해)로 말하기: 일정상, 상황상 꼭 해야 할 일을 말할 때 사용해요.

1. 나 이번 주말에 머리 파마하고 염색해야 해.
   I have to get my hair permed and colored this weekend.

2. 난 주말에 미용실을 가야 해.
   I have to go to the hair salon on the weekend.

3. 나 좋은 옷을 사러 백화점에 가야 해.
   I have to go to the department store to buy a nice outfit.

Vocabulary

weekend 주말　　hair salon 미용실　　department store 백화점　　outfit 외출복
order 주문하다　　come out 출시되다

15초 프리토킹 연습

다음 내용을 큰 소리로 말하면서 연습해 보세요.

나는 이번 주말에 머리를 파마하고 염색해야 해. 주중에는 미용실에 갈 시간이 없어서 주말에 가야 하거든. 다음 주에 모임이 있어서 좋은 옷을 사러 백화점도 가야 해. 난 보통 주말마다 치킨을 시켜 먹는데 이번에는 새로 나온 치킨을 먹어 볼 거야.

I have to get my hair permed and colored this weekend. I don't have time to go to the hair salon during the week, so I have to go on the weekend. I also have to go to the department store to buy a nice outfit for an event next week. I usually order fried chicken on weekends, but this time I'm going to try the new one that just came out.

실전 롤플레이 프리토킹

프롬프트 확인하기

What are your plans for this weekend?

주말에 머리를 파마하고 염색해야 해.

Anything else?

좋은 옷을 사러 백화점도 가야 해.

Do you do anything every weekend?

난 주말마다 치킨을 시켜 먹는데,
이번에는 새로 나온 치킨을 먹어 볼 거야.

Day 10 이동 수단 Getting Around

오늘의 표현

use buses and subways 버스와 지하철을 이용하다	go to other cities 다른 도시로 가다	take the KTX or SRT KTX나 SRT를 타다
drive 운전하다	**Getting Around**	convenient 편리한
I can't go anywhere 어디도 못 간다	without my car 차 없이	drive a supercar 슈퍼카를 몰다

오늘의 문장 구조

have been -ing(~해 오는 중이야)로 말하기: 이전부터 현재까지 해 온 일을 말하며, 특히 지금도 하고 있는 중일 때 써요.

1. 난 이동할 때 버스와 지하철을 이용해 왔어.
   I have been using buses and subways to get around.
2. 난 요즘 차 없이 돌아다니고 있어.
   I have been getting around without my car these days.
3. 운전하는 게 편해서 차를 더 자주 몰아 왔어.
   I have been driving more often because it's more convenient.

Vocabulary

most of the time 대부분의 시간 get around 돌아다니다 more often 더 자주 convenient 편리한
feel like 기분이 들다

15초 프리토킹 연습

다음 내용을 큰 소리로 말하면서 연습해 보세요.

나는 이동할 때 주로 버스와 지하철을 이용해 왔어. 다른 도시로 갈 때는 KTX나 SRT를 탔지. 그런데 요즘에는 운전하는 게 편해서 차를 더 자주 몰고 다녀. 이젠 차 없이는 어디도 못 갈 것 같은 기분이야. 나중에 돈을 많이 벌면 슈퍼카를 몰고 싶어.

I have been using buses and subways most of the time to get around. When I went to other cities, I took the KTX or SRT. But these days, I have been driving more often because it's more convenient. I feel like I can't go anywhere without my car now. I want to drive a supercar someday if I make a lot of money.

실전 롤플레이 프리토킹

프롬프트 확인하기

What do you usually take to get around?

난 주로 버스와 지하철을 이용해 왔어. 요즘에는 차를 더 자주 몰고 다녀.

Which one is more convenient?

난 차 없이는 어디도 못 가.

Is there a car you want to have?

나중에 돈을 많이 벌어서 슈퍼카를 몰고 싶어.

MP3 바로 듣기

PART 2

취향과 관심사

Interests

Day 11-20

Day 11 요리 스킬 Cooking Skills

오늘의 표현

be good at cooking 요리를 잘하다	be not good at cooking 요리를 못하다	live alone 자취하다
cook for myself 혼자 요리해 먹다	Cooking Skills	cook at home 집에서 요리하다
eat out 외식하다	restaurant food 식당 음식	stay healthy 건강을 유지하다

오늘의 문장 구조

조동사 must로 말하기: '무조건 해야 한다'는 강한 어조로 말할 때 써요. 과거형은 had to로 말해요.

1. 모든 사람들은 집에서 요리를 해 봐야 해.
   Everyone must try cooking at home.

2. 혼자 요리해 먹어야 했어.
   I had to cook for myself.

3. 레시피를 따라 하거나 유튜브 비디오를 봐야 했어.
   I had to follow recipes or watch YouTube videos.

Vocabulary

be good at ~를 잘하다	at first 처음에는	follow 따라 하다	recipe 레시피
every time 매번	over time 시간이 지나면서	get better 좋아지다	instead of 대신에
salt 소금, 나트륨	fat 기름, 지방	best way 최고의 방법	

15초 프리토킹 연습

다음 내용을 큰 소리로 말하면서 연습해 보세요.

난 요리를 못했어. 하지만 자취할 때, 혼자 요리해 먹어야 했지. 처음에는 매번 레시피를 따라 하거나 유튜브 비디오를 봐야 했어. 시간이 갈수록, 내 요리 실력은 점점 좋아졌어. 난 모든 사람들이 외식보다는 집에서 요리를 해 봐야 한다고 생각해. 식당 음식은 나트륨과 지방이 많으니까. 이게 건강을 유지하는 최고의 방법이야.

I wasn't good at cooking, but when I lived alone, I had to cook for myself. At first, I had to follow recipes or watch YouTube videos every time. Over time, my cooking skills got so much better. I think everyone must try cooking at home instead of eating out. Restaurant food has a lot of salt and fat. It's the best way to stay healthy.

실전 롤플레이 프리토킹

프롬프트 확인하기

Are you good at cooking?

원래는 못했는데 요리 실력이 정말 좋아졌어.

How did you start cooking?

자취할 때 혼자 요리해 먹어야 했어.

Do you like eating out?

아니. 난 모든 사람들이 외식보다는 집에서 요리를 해 봐야 한다고 생각해.

Day 12 맛집 탐방 Food Adventures

오늘의 표현

good places to eat 맛집	hidden gems 숨은 맛집	popular spots 인기 있는 장소
check out 확인해 보다, 가 보다	**Food Adventures**	hole-in-the-wall 허름해 보이지만 맛있는 현지 식당
go-to place 단골 맛집	explore 탐방하다	must-try restaurants 강력 추천 맛집, 꼭 가 봐야 할 식당

오늘의 문장 구조

조동사 will로 말하기: '~할 거야, ~하겠어'라는 뜻으로 주어의 의지나 마음, 결심을 말할 때 써요.

1. 소박한 현지인 맛집에 도전할 거야.
   I will try some hole-in-the-wall restaurants.
2. 강력 추천 맛집들을 탐방할 거야.
   I will explore the must-try restaurants.
3. 미슐랭 투 스타 식당에 갈 거야.
   I will visit Michelin two-star restaurant.

Vocabulary

hidden 숨은	gem 보석	popular 인기 있는	spot 장소
go-to 자주 찾는	explore 탐방하다	restaurant 식당	visit 방문하다

15초 프리토킹 연습

다음 내용을 큰 소리로 말하면서 연습해 보세요.

> 나는 친구나 가족과 함께 맛집 찾는 걸 좋아해. 한국에는 숨은 맛집들이 정말 많고, 난 인기 있는 곳들을 많이 가 봤어. 이제는 소박한 현지인 맛집도 도전할 거야. 단골집은 딱히 없지만, 꼭 가 봐야 하는 식당들은 거의 다 가 본 것 같아. 이번 주말에는 미슐랭 투 스타 식당에 갈 거야!

I like to find good places to eat with my friends and family. There are so many hidden gems in Korea and I have checked out lots of popular spots. Now, I will try some hole-in-the-wall restaurants, too. I don't have a go-to place, but I have explored most of the must-try restaurants. This weekend, I will visit a Michelin two-star restaurant!

실전 롤플레이 프리토킹

프롬프트 확인하기

Do you like going to good places to eat?

응. 한국에는 숨은 맛집이 정말 많고, 난 인기 있는 곳들을 많이 가 봤어.

Do you have a go-to place?

아니, 그렇지만 꼭 가 봐야 하는 식당들은 거의 다 가 본 것 같아.

Will you eat out this weekend?

응. 이번 주말에는 미슐랭 투 스타 식당에 갈 거야!

Day 13 영화와 미드 Movies and TV Shows

오늘의 표현

watch movies at the theater 영화관에서 영화를 보다	go to the movies 영화관에 가다	watch TV shows TV 프로그램 (드라마, 시리즈, 예능 등)을 보다
on my phone 핸드폰으로	**Movies and TV Shows**	on the go 이동 중에
in bed 침대에서	American shows 미국 드라마	K-dramas 한국 드라마

오늘의 문장 구조

조동사 would로 말하기: would like to(~하고 싶다), would rather(차라리 ~하고 싶다)라고 말할 때 써요.

1. 재미있는 한국 드라마를 추천해 주고 싶어.
   I would like to recommend good K-dramas.
2. 차라리 핸드폰으로 TV 프로그램을 보고 싶어.
   I would rather watch TV shows on my phone.
3. 차라리 침대에서 쉬고 싶어.
   I would rather relax in bed.

Vocabulary

theater 영화관 | rather 차라리 | mostly 대부분 | proud 자랑스러운
take over 제패하다, 정복하다 | recommend 추천하다 | international friend 외국인 친구

15초 프리토킹 연습

다음 내용을 큰 소리로 말하면서 연습해 보세요.

전에는 극장에서 영화 보는 걸 정말 좋아했는데 요즘에는 영화관에 거의 안 가. 이동 중이거나 침대에서 핸드폰으로 TV 프로그램을 보는 게 더 좋아. 전엔 주로 미드를 봤는데, 지금은 한국 드라마가 전 세계를 제패하고 있어서 정말 자랑스러워. 재미있는 한국 드라마를 해외 친구들에게도 추천해 주고 싶어.

I used to love watching movies at the theater, but I rarely go to the movies these days. I would rather watch TV shows on my phone on the go or in bed. I mostly watched American shows before, but now I'm so proud that K-dramas are taking over the world. I would like to recommend good K-dramas to my international friends, too.

실전 롤플레이 프리토킹

프롬프트 확인하기

Do you like watching movies at the theater?

전에는 그랬는데 요즘은 핸드폰으로 TV 프로그램을 보는 게 더 좋아.

When do you watch them?

이동할 때나 침대에서.

What TV shows would you like to recommend?

재미있는 한국 드라마를 추천하고 싶어.

Day 14 커피와 음료 Coffee and Drinks

오늘의 표현

try all kinds of coffee 모든 종류의 커피를 마셔 보다	drink 마시다	only iced Americanos even in winter 얼죽아 (얼어 죽어도 아이스 아메리카노)
have three or four cups a day 하루에 서너 잔을 마시다	**Coffee and Drinks**	drink tea instead 대신 차를 마시다
have caffeine 카페인이 있다	cold-pressed juice 착즙 주스	stay hydrated 수분을 충분히 유지하다

오늘의 문장 구조

조동사 should로 말하기: '~하는 게 좋겠다', '~해야 한다'는 뜻으로 다른 사람의 조언이나, 남들이 봐도 그렇게 해야 하는 일을 말할 때 써요.

1. 대신 차를 마시는 게 좋겠어.
   I should drink tea instead.

2. 커피를 하루에 한 잔만 마시는 게 좋겠어.
   I should drink only a cup of coffee a day.

3. 수분 보충을 위해 착즙 주스를 마시는 게 좋겠어.
   I should drink cold-pressed juice to stay hydrated.

Vocabulary

try 시도하다, 먹어 보다	used to ~하곤 했다	instead 대신에	still 여전히
caffeine 카페인	cold-pressed 냉압착	stay hydrated 수분을 유지하다	

15초 프리토킹 연습

다음 내용을 큰 소리로 말하면서 연습해 보세요.

> 나는 커피를 좋아해. 라테, 카푸치노, 캐러멜마키아토 같은 모든 종류의 커피를 다 마셔 봤어. 그런데 요즘은 겨울에도 아이스 아메리카노만 마셔. 예전엔 하루에 서너 잔을 마시기도 했는데, 그건 건강에 좋지 않더라고. 그래서 대신 차를 마셔야겠다는 생각이 들어. 차에도 카페인은 있지만 몸에 더 좋으니까. 수분 보충을 위해 착즙 주스를 마시는 것도 좋겠어.

I love coffee. I've tried all kinds of coffee like lattes, cappuccinos, and caramel macchiatos. But now I only drink iced Americanos, even in winter. I used to have three or four cups a day, which isn't good for my health. I think I should drink tea instead. It still has caffeine, but it's better for me. I should also drink cold-pressed juice to stay hydrated.

실전 롤플레이 프리토킹

프롬프트 확인하기

What kind of coffee do you drink?

나는 얼죽아야.(나는 겨울에도 아이스 아메리카노만 마셔.)

How much do you drink a day?

예전엔 하루에 서너 잔씩 마시기도 했는데, 그건 건강에 좋지 않더라고.

So, what's better for you?

대신에 차를 마셔야 할 것 같아.

Day 15 좋아하는 공연 Favorite Performances

오늘의 표현

get a ticket to a show 공연 티켓이 생기다	musical / play / ballet / opera 뮤지컬 / 연극 / 발레 / 오페라	city's performing arts center 시립 공연 예술센터
watch a performance 공연을 보다	**Favorite Performances**	forget about real-life problems 현실의 고민을 잊다
after the show 공연이 끝난 후	take pictures 사진을 찍다	with actors and dancers 배우와 무용수와 함께

오늘의 문장 구조

조동사 can/could로 말하기: '~할 수 있다'는 뜻으로 능력상, 상황상 할 수 있는 일을 말할 때 써요. could는 더 부드러운 어조로 표현하거나 과거의 일을 말할 때 써요.

1. 이번 주말 공연 티켓을 구할 수 있어.
   I can get a ticket to a show this weekend.
2. 공연을 보고 있으면 현실의 고민을 잠시 잊을 수 있어.
   Watching a performance can help me forget about real-life problems.
3. 배우 또는 무용수와 사진을 찍을 수 있었어.
   I could take pictures with the actors or dancers.

Vocabulary

get 얻다, 생기다	musical 뮤지컬	play 연극	ballet 발레
watch 보다	performance 공연	forget 잊다	real-life 현실의
actor 배우	dancer 무용수	favorite 가장 좋아하는	

15초 프리토킹 연습

다음 내용을 큰 소리로 말하면서 연습해 보세요.

가끔 바쁜 한 주를 보내다가 공연 티켓이 생길 때가 있어. 내가 제일 좋아하는 건 뮤지컬, 연극, 발레, 그리고 오페라야. 보통 시립 공연 예술센터에 가는데, 공연을 보고 있으면 현실의 고민을 잠시 잊을 수 있어. 공연이 끝난 후 배우 또는 무용수와 사진을 찍을 수 있는데, 그 시간이 내가 제일 좋아하는 부분이야.

Sometimes, I get a ticket to a show during a busy week. My favorites are musicals, plays, ballet, and opera. I usually go to the city's performing arts center, and watching a performance can help me forget about real-life problems. After the show, I could take pictures with the actors or dancers, and that's my favorite part.

실전 롤플레이 프리토킹

프롬프트 확인하기

What is your favorite performance?

내가 제일 좋아하는 건 뮤지컬, 연극, 발레, 그리고 오페라야.

Why do you enjoy watching performances?

공연을 보고 있으면 현실의 고민을 잠시 잊을 수 있어.

Do you have a special memory from a show?

공연이 끝난 후 배우나 무용수들과 사진을 찍을 수 있는데,
그 시간이 내가 제일 좋아하는 부분이야.

Day 16 음악 감상 Listening to Music

오늘의 표현

listen to CDs CD로 음악을 듣다	carry my MP3 player MP3 플레이어를 들고 다니다	streaming apps 스트리밍(다운로드 없이 바로 재생되는) 앱
how I listen to music 내가 음악 듣는 방식	**Listening to Music**	play music 음악을 재생하다
a Bluetooth speaker 블루투스 스피커	sound quality 음질	wind down with healing music 힐링 음악을 들으며 하루를 마무리하다

오늘의 문장 구조

조동사 may/might로 말하기: '아마도 ~할 듯하다'는 뜻으로 may는 좀 더 격식 있고, might는 확신이 덜 하거나 좀 더 캐주얼한 말투예요.

1. 블루투스 스피커에 따라 음질 차이가 클 수 있어.
   A Bluetooth speaker may make a big difference in sound quality.
2. 힐링 음악이 우리의 기분에 큰 영향을 줄 수 있어.
   Healing music may make a big difference in our mood.
3. 난 오늘 밤 힐링 음악을 들으면서 하루를 마무리하려고 해.
   I might wind down with healing music tonight.

Vocabulary

listen 듣다	carry 휴대하다	streaming 실시간 재생하는	app 어플
play 재생하다	difference 차이	quality 품질	wind down 긴장을 풀다

15초 프리토킹 연습

다음 내용을 큰 소리로 말하면서 연습해 보세요.

어릴 땐 CD로 음악을 듣곤 했어. 그 다음엔 MP3 플레이어를 항상 들고 다녔지. 이후엔 벅스나 멜론 같은 스트리밍 앱이 음악 듣는 방식을 바꿔 놓았어. 요즘은 대부분 유튜브로 음악을 재생하니 블루투스 스피커에 따라 음질 차이가 클 수도 있어. 난 오늘 밤 유튜브에서 힐링 음악을 들으면서 하루를 마무리하려고 해.

I used to listen to CDs when I was younger. Then I carried my MP3 player everywhere. Later on, streaming apps like Bugs and Melon changed how I listened to music. These days, we mostly play music on YouTube, so a Bluetooth speaker may make a big difference in sound quality. I might wind down with healing music on YouTube tonight.

실전 롤플레이 프리토킹

프롬프트 확인하기

Do you like listening to music?

응, 난 주로 유튜브로 음악을 재생해.

Do you also have a good Bluetooth speaker?

물론이지. 요즘에는 블루투스 스피커에 따라 음질 차이가 클 수도 있어.

What are you listening to today?

유튜브에서 힐링 음악을 들으며 하루를 마무리하려고 해.

Day 17 패션 취향 Fashion Taste

오늘의 표현

care about fashion 패션에 신경 쓰다	trendy 유행하는	be cool with 괜찮다고 생각하다
mix and match things 옷이나 아이템을 조합하다	**Fashion Taste**	look put together 깔끔해 보이다
check out some YouTubers 유튜버들을 찾아보다	my go-to outfit 내가 자주 입는 기본 코디	style it up 스타일링하다

오늘의 문장 구조

부정하는 말하기: 아니라고 할 때는 동사 앞뒤에 not을 추가해서 말해요.

1. 나는 예전에는 패션에 별로 신경 쓰지 않았어.
   I didn't(=did not) really care about fashion back then.
2. 내 스타일이 유행을 막 따르지는 않았어.
   My style wasn't(=was not) trendy.
3. 패션 감각이 뛰어났다고 말은 못하겠어.
   I wouldn't(=would not) say I had much fashion sense.

Vocabulary

care 신경 쓰다 | back then 예전에는 | totally 완전히 | effort 노력
check out 살펴보다 | go-to outfit 자주 입는 기본 코디 | style up 스타일을 더 멋지게 꾸미다

15초 프리토킹 연습

다음 내용을 큰 소리로 말하면서 연습해 보세요.

나는 예전에는 패션에 별로 신경 쓰지 않았어. 내 스타일이 유행을 따르지는 않았지만, 나는 그런대로 괜찮았어. 패션 감각이 뛰어났다거나, 옷을 잘 조합해 입었다고 말은 못하겠어. 완전히 변한 건 아니지만, 이제는 좀 더 깔끔해 보이려고 노력하고 있어. 지금은 기본적인 코디 아이디어를 얻으려고 유튜버들을 찾아봐. 스타일링하는 게 재밌거든.

I didn't really care about fashion back then. My style wasn't trendy, but I was cool with it. I wouldn't say I had much fashion sense or knew how to mix and match things. I haven't totally changed, but now I'm making more effort to look a little more put together. Now I check out some YouTubers to get ideas for my go-to outfits. It's fun to style it up.

실전 롤플레이 프리토킹

AI 프롬프트 확인하기

Do you care about fashion?

나는 예전에는 패션에 별로 신경 쓰지 않았어.

What about now?

완전히 변한 건 아니지만,
이제는 좀 더 깔끔해 보이려고 노력하고 있어.

How?

기본적인 코디 아이디어를 얻으려고 유튜버들을 찾아봐.

Day 18 쇼핑 습관 Shopping Habits

오늘의 표현

shop 쇼핑하다	shop in person 오프라인 매장에서 직접 쇼핑하다	buy online 온라인으로 물건을 사다
be convenient 편리하다	**Shopping Habits**	packages 택배
arrive the very next day 바로 다음 날 도착하다	shipping is free 배송비가 무료이다	get used to ~에 익숙해지다

오늘의 문장 구조

물어보는 말하기: 영어로 물어볼 때 '의문사 + do + 주어 ~?' 또는 '의문사+조동사+주어 ~?'로 말해요.

1. 요즘 너는 보통 어디에서 쇼핑을 해?
   When do you usually shop these days?
2. 무료 배송은 어떻게 받지?
   How can I get free shipping?
3. 이런 데 익숙해지고 나니 다른 나라에서 어떻게 살 수 있을까?
   How can I ever live in another country after getting used to this?

Vocabulary

usually 보통	these days 요즘	in person 직접	all the time 항상
online 온라인에서	convenient 편리한	shipping 배송, 배송비	free 무료의

15초 프리토킹 연습

다음 내용을 큰 소리로 말하면서 연습해 보세요.

> 요즘 사람들은 보통 어디에서 쇼핑을 하지? 나는 예전에는 항상 오프라인 매장에서 직접 쇼핑을 했는데, 이제는 그렇지 않아. 요즘은 거의 모든 걸 온라인으로 사는데, 너무 편하거든. 한국에서는 택배가 보통 바로 다음 날 오고, 배송비가 무료일 때도 있어. 이런 데 익숙해지고 나니 다른 나라에서 어떻게 살 수 있겠어?

Where do people usually shop these days? I used to shop in person all the time, but not anymore. These days, I buy almost everything online because it's so convenient. In Korea, packages often arrive the very next day, and shipping is sometimes free. How can I ever live in another country after getting used to this?

실전 롤플레이 프리토킹

프롬프트 확인하기

When do you usually shop these days?

예전에는 항상 오프라인 매장에서 직접 쇼핑을 했는데,
요즘은 거의 모든 걸 온라인으로 사.

Why?

너무 편하거든.

What's especially convenient about it?

택배가 보통 바로 다음 날 오고, 배송비가 무료일 때도 있어.

Day 19 집 꾸미기 Home Deco

오늘의 표현

decorate 꾸미다	place 집, 공간	by yourself 직접, 스스로
move the furniture around 가구 배치를 바꾸다	**Home Deco**	rental 전셋집, 월셋집
studio 원룸	get the chance 기회가 생기다	feel more like mine 더 내 것처럼 느껴지다

오늘의 문장 구조

물어보는 말하기: 경험을 물어볼 때는 Have you p.p.를 활용한 의문문을, 무언가 권유할 때는 Would you like to로 시작하는 의문문을 써요.

1. 집을 직접 꾸며 본 적 있어?

   Have you ever tried decorating your place by yourself?

2. 네 원룸을 더 아늑하게 만들고 싶어?

   Would you like to make your studio cozier?

3. 기회만 되면 너도 원룸 꾸미기를 해 보고 싶어?

   Would you like to try decorating your studio if you get the chance?

Vocabulary

furniture 가구 major 주요한, 큰 fun 재미, 즐거움을 주는 일 feel ~처럼 느껴지다
mine 나의 것 tough 어려운

15초 프리토킹 연습

다음 내용을 큰 소리로 말하면서 연습해 보세요.

집을 직접 꾸며 본 적 있어? 나는 그냥 가구만 조금 옮겨 본 적은 있는데, 큰 건 안 해 봤어. 요즘은 전셋집이나 원룸을 예쁘게 꾸미는 것에 대한 책들이 정말 많아. 기회가 되면 너도 방 꾸미기를 해 보고 싶어? 내 생각엔 아주 재미있을 것 같고 집이 훨씬 내 공간처럼 느껴질 것 같아.

Have you ever tried decorating your place by yourself? I've only moved the furniture around a bit, but nothing major. These days, there are so many books on decorating small rentals or studios. Would you like to try decorating your room if you get the chance? I think it could be fun and make the place feel more like mine.

실전 롤플레이 프리토킹

프롬프트 확인하기

Have you ever tried decorating your place by yourself?

응. 나는 그냥 가구만 조금 옮겨 본 적은 있는데, 큰 건 안 해 봤어.

Decorating alone can be tough, right?

요즘은 전셋집이나 원룸을 예쁘게 꾸미는 것에 대한 책들이 정말 많아.

Would you like to try decorating your room if you get the chance?

내 생각엔 아주 재미있을 것 같고
집이 훨씬 내 공간처럼 느껴질 것 같아.

Day 20 반려 동물 키우기 Pet Care

오늘의 표현

have my first pet dog 첫 반려견을 키우다	breed 품종	remember the moment we first met 처음 만난 순간을 기억하다
see it at a pet shop 펫숍에서 보다	**Pet Care**	beg my mom to get it for me 엄마에게 사 달라고 조르다
feed it 밥을 주다	walk it 산책시키다	take care of it myself 직접 돌보다

오늘의 문장 구조

물어보는 말하기: 주어 역할을 하는 what/who 다음에 동사를 바로 붙여 물어볼 수도 있어요.

1. 왜 반려동물을 키우고 싶어졌냐고?

   What made me want a pet?

2. 뭐 때문에 엄마에게 사 달라고 조르게 됐냐고?

   What made me beg my mom to get it for me?

3. 누가 돌봤냐고?

   Who took care of it?

Vocabulary

breed 품종 moment 순간 beg 간청하다, 조르다 even though ~이지만
get another chance 다시 기회를 얻다

15초 프리토킹 연습

다음 내용을 큰 소리로 말하면서 연습해 보세요.

나는 열 살쯤에 처음으로 반려견을 키웠어. 품종은 푸들이었고, 처음 만난 순간을 아직도 선명하게 기억해. 내가 왜 반려동물을 키우고 싶어졌냐고? 펫숍에서 보고 엄마에게 사 달라고 졸랐어. 누가 돌봤냐고? 어렸지만 내가 밥도 주고 산책도 시키고 직접 다 돌봤지! 난 다시 기회가 있다면 고양이를 키우고 싶어.

I had my first pet dog when I was about ten years old. The breed was a poodle, and I still remember the moment we first met. What made me want a pet? I saw it at a pet shop and begged my mom to get it for me. Who took care of it? Even though I was young, I fed it, walked it, and took care of it myself! If I get another chance, I'd like to have a cat.

실전 롤플레이 프리토킹

프롬프트 확인하기

Have you ever had a pet?

나는 열 살쯤에 처음으로 반려견을 키웠어. 품종은 푸들이었어.

What made you want a pet?

펫숍에서 보고 엄마에게 사 달라고 졸랐어.

Who took care of it?

어렸지만 내가 밥도 주고 산책도 시키고 직접 다 돌봤어.

MP3 바로 듣기

PART 3
취미와 여가
Leisure

Day 21-30

Day 21 여행 이야기 Travel Stories

오늘의 표현

most memorable trip 가장 기억에 남는 여행	use English a lot 영어를 많이 쓰다	feel excited 신나다, 짜릿하다
swim all day 하루 종일 수영하다	**Travel Stories**	feel so free 정말 자유롭다
unique vibe 특유의 분위기	never forget 평생 잊지 못하다	make new memories 새로운 추억을 만들다

오늘의 문장 구조

Let's(~하자)로 말하기: Let's로 문장을 시작하고 뒤에 동사를 붙여 함께 무언가 하자고 제안할 수 있어요.

1. 내 것부터 시작하자.
   Let's start with mine.

2. 특유의 분위기를 살리자.
   Let's keep that unique vibe.

3. 언젠가 우리도 함께 가서 새로운 추억을 만들자.
   Let's go there together someday and make new memories.

Vocabulary

most 가장 | memorable 기억에 남는 | definitely 확실히 | all day 하루 종일
vibe 분위기 | someday 언젠가

15초 프리토킹 연습

다음 내용을 큰 소리로 말하면서 연습해 보세요.

우리 가장 기억에 남는 여행에 대해 이야기해 보는 게 어때? 내 이야기부터 시작하자면, 단연 괌 여행이었어. 거기서 영어를 많이 쓰면서 사람들과 소통하는 게 짜릿했어. 또 하루 종일 수영을 했는데 정말 자유로운 느낌이었어. 그 섬 특유의 분위기는 평생 잊지 못할 거야. 언젠가 우리도 함께 가서 새로운 추억을 만들자.

Why don't we talk about our most memorable trips? Let's start with mine—it was definitely my trip to Guam. I used English a lot there, and I felt excited to talk to people. I also swam all day, which made me feel so free. The island had such a unique vibe that I'll never forget. Let's go there together someday and make new memories.

실전 롤플레이 프리토킹

프롬프트 확인하기

Why don't we talk about our most memorable trips?

내 이야기부터 시작하자면, 단연 괌 여행이었어.

What made that trip so special for you?

거기서 영어를 많이 쓰면서 사람들과 소통하는 게 짜릿했어.

Sounds fun! What else did you do during your trip?

또 하루 종일 수영을 했는데 정말 자유로운 느낌이었어.

Day 22 OTT 서비스 Streaming Platforms

오늘의 표현

watch TV TV를 보다	with my family 가족과 함께	even if I wasn't interested 재미가 없어도
stream whatever I want 내가 원하는 영상을 보다	**Streaming Platforms**	anytime and anywhere 언제 어디서나
people from all around the world 전 세계 사람들	share their videos 그들의 영상을 공유하다	an incredible era 대단한 시대

오늘의 문장 구조

감탄하는 말하기: How/What으로 '얼마나 ~한지!'하고 감탄하는 문장을 말할 수 있어요. 뒤에 주어, 동사까지 붙여 더 구체적으로도 말할 수 있어요.

1. 스트리밍 플랫폼이 얼마나 편한지 몰라!

   How convenient streaming platforms are!

2. 전 세계 사람들이 얼마나 멋진지!

   How wonderful people from all around the world can be!

3. 정말 대단한 시대야!

   What an incredible era!

Vocabulary

watch 보다 stream 데이터를 실시간으로 전송하다 share 공유하다 incredible 대단한, 엄청난
era 시대

15초 프리토킹 연습

다음 내용을 큰 소리로 말하면서 연습해 보세요.

어릴 때는 내가 재미없어도 가족과 함께 TV를 봐야 했어. 이제는 내가 원하는 영상을 언제 어디서나 볼 수 있어. 요즘 스트리밍 플랫폼은 얼마나 편한지 몰라! 유튜브에는 전 세계 사람들이 직접 영상을 올려. 이렇게나 많은 콘텐츠를 즐기고 거기서 무언가 배울 수 있다니 정말 대단한 시대야!

When I was a kid, I had to watch TV with my family, even if I wasn't interested. Now I can stream whatever I want, anytime and anywhere. How convenient streaming platforms are these days! On YouTube, people from all around the world share their videos. What an incredible era to enjoy and learn from so much content!

실전 롤플레이 프리토킹

프롬프트 확인하기

Did you ever feel uncomfortable before technology got this advanced?

응. 어릴 때는 내가 재미없어도 가족과 함께 TV를 봐야 했어.

What about now?

이제는 내가 원하는 영상을 언제 어디서나 볼 수 있지.

Do you think this era is better?

응! 이렇게나 많은 콘텐츠를 즐기고
거기서 무언가 배울 수 있다니 정말 대단한 시대야!

Day 23 라이브 콘서트 Live Concerts

오늘의 표현

go to a live concert 라이브 콘서트에 가다	when I was in college 대학생 때	I got another ticket 다른 티켓이 생기다
the chance to go again 다시 갈 기회	**Live Concerts**	so powerful 아주 강렬한
every beat shaking my heart 심장을 울리는 모든 비트	a whole different level 차원이 다른 레벨	compared to streaming music 스트리밍 음원과 비교해서

오늘의 문장 구조

두 문장 붙여 말하기: 주어, 동사가 들어간 문장 두 개를 붙여 더 길게 말할 수 있어요. 이때 두 문장을 연결하는 접속사가 필요한데, 가장 기본인 that으로 말해 볼게요.

1. 친구와 함께 라이브 콘서트에 갔던 게 기억나.
   I remember that I went to a live concert with my friend.
2. 곧 라이브 콘서트에 다시 갈 수 있기를 바라.
   I hope that I can go to a live concert again soon.
3. 라이브 콘서트는 차원이 다르다는 걸 깨달았어.
   I realized that live concerts are on a whole different level.

Vocabulary

recently 최근에　another 또 다른　beat 비트, 박자　shake 흔들다, 울리다
realize 깨닫다　whole 전체의, 완전히　compared to ~과 비교하여

15초 프리토킹 연습

다음 내용을 큰 소리로 말하면서 연습해 보세요.

> 대학생 때 친구와 함께 라이브 콘서트에 갔던 게 기억나. 최근에 또 티켓이 생겨서 다시 갈 기회가 있었어. 음악이 아주 파워풀해서 모든 비트가 심장이 울리는 기분이었어. 확실히 라이브 콘서트는 음원이나 유튜브로 듣는 것과는 차원이 다르더라.

I remember that I went to a live concert with my friend when I was in college. Recently, I got another ticket and had the chance to go again. The music was so powerful that I felt every beat shaking my heart. I realized that live concerts are on a whole different level compared to streaming music or YouTube.

실전 롤플레이 프리토킹

프롬프트 확인하기

Have you ever been to a concert?

응, 대학생 때. 최근에도 다시 갈 기회가 있었어.

How was it?

음악이 아주 파워풀해서 모든 비트가 심장이 울리는 기분이었어.

Was it different from listening to music at home?

라이브 콘서트는 음원이나 유튜브로 듣는 것과는 차원이 다르더라.

Day 24

게임 즐기기 Enjoying Games

오늘의 표현

playing games 게임을 하는 것	a waste of time 시간 낭비	the rise of e-sports e스포츠의 부상
exciting to see 보는 게 신이 나는	**Enjoying Games**	win first place 1등을 하다
match 경기, 시합	cleverly 영리하게	play a quick mobile game 짧게 모바일 게임을 하다

오늘의 문장 구조

두 문장 붙여 말하기: 접속사 who 뒤에 '주어 + 동사' 또는 '동사'만 붙여 말해요. 'I know who you are.(네가 누군지 알아.)' 또는 'I know who lied.(누가 거짓말했는지 알아.)'처럼요.

1. 경기에서 누가 1등을 할지 보는 건 정말 흥미진진해.
   It's exciting to see who will win first place in a match.
2. 누가 그 경기를 이겼는지 기억나.
   I remember who won the match.
3. 누가 가장 영리하게 플레이하는지 보는 것도 재밌어.
   I also enjoy watching who plays most cleverly.

Vocabulary

waste 낭비	rise 부상	view 시각	completely 완전히
be stressed 스트레스를 받다	relax 긴장 및 스트레스를 풀다	right away 즉시	

15초 프리토킹 연습

다음 내용을 큰 소리로 말하면서 연습해 보세요.

예전에 사람들은 게임을 하는 게 시간 낭비라고 생각하는 경우가 종종 있었어. 하지만 e스포츠가 부상하면서 시각이 완전히 달라졌지. 경기에서 누가 1위를 할지 보는 건 정말 신이 나. 또 누가 가장 영리하게 플레이하는지 보는 것도 재미있어. 나도 스트레스를 받을 땐 짧게 모바일 게임을 해. 스트레스가 바로 풀리더라.

In the past, people often thought playing games was a waste of time. But with the rise of e-sports, the view has completely changed. It's exciting to see who will win first place in a match. I also enjoy watching who plays most cleverly. When I'm stressed, I play a quick mobile game. It relaxes me right away.

실전 롤플레이 프리토킹

프롬프트 확인하기

Do you play games?

응, 그런데 예전에는 게임을 하는 게 시간 낭비라고 생각하는 경우가 종종 있었어.

How about now?

e스포츠가 부상하면서 시각이 완전히 달라졌지.

So, you like watching games?

응. 경기에서 누가 1위를 할지 보는 건 정말 신이 나.

Day 25 전시 나들이 Exhibition Visits

오늘의 표현

visit 방문하다	a small gallery 작은 갤러리	look at the pieces 작품을 바라보다
artist 화가, 작가	**Exhibition Visits**	other visitors 다른 관람객들
after the exhibition 전시를 보고 나서	buy a catalog 도록을 사다	spark new ideas 새로운 아이디어에 불을 붙이다

오늘의 문장 구조

두 문장 붙여 말하기: 접속사 what(무엇) 뒤에 '주어 + 동사'를 붙여 말해요. 'I know what you mean.(네 말이 무슨 뜻인지 알아.)'처럼 말이죠.

1. 화가가 무엇을 말하려는지 파악하려 해.

   I try to figure out what the artist is trying to say.

2. 전시회를 보고 나서 화가가 무엇을 느꼈는지 상상하려고 해.

   I try to imagine what the artist felt after the exhibition.

3. 다른 관람객들이 가장 먼저 눈여겨보는 것에 놀라기도 해.

   I'm surprised by what other visitors notice first.

Vocabulary

piece 작품
notice 주목하다
spark 불을 붙이다
slow down 속도를 늦추다
catalog 도록
figure out 파악하다
chill 차분한, 편안한
visitor 관람객
reset 재충전하다

15초 프리토킹 연습

다음 내용을 큰 소리로 말하면서 연습해 보세요.

> 지난 주말에 집 근처 작은 갤러리에 들렀어. 작품을 볼 때는 속도를 늦추고 제대로 들여다보는 편이야. 작가가 무엇을 말하려는지 파악하려 해. 가끔은 다른 관람객들이 가장 먼저 눈여겨보는 것이 무엇인지에 놀라기도 하지. 전시를 보고 나서는 보통 도록이나 갖고 싶은 물건을 사. 전시회를 방문하는 것은 머리를 식히고 새로운 아이디어에 불을 붙이기 딱 좋아.

Last weekend, I visited a small gallery near my place. I like to slow down and really look at the pieces. I try to figure out what the artist is trying to say. Sometimes I'm surprised by what other visitors notice first. After the exhibition, I usually buy a catalog or some items I like. Visiting exhibitions is a chill way to reset and spark new ideas.

실전 롤플레이 프리토킹

프롬프트 확인하기

What did you do on the weekend?

집 근처 작은 갤러리에 들렀어.

What did you do after seeing the exhibition?

도록이나 갖고 싶은 물건을 샀어.

Do you usually enjoy going to exhibitions?

응. 전시회를 방문하는 것은 머리를 식히고
새로운 아이디어에 불을 붙이기 딱 좋아.

Day 26 책 읽기 Reading Books

오늘의 표현

love reading books 책 읽는 것을 정말 좋아하다	grow older 나이가 들다	stop reading 책 읽기를 그만두다
reading skill 문해력	**Reading Books**	best-selling novel 베스트셀러 소설
leave them unread 안 읽은 채로 두다	e-book reader 이북리더기	digital library 전자 도서관

오늘의 문장 구조

두 문장 붙여 말하기: 접속사 which(어떤) 뒤에 구체적인 단어를 말한 후 '주어 + 동사'를 붙여 말해요. 'I know which team you support.(네가 어떤 팀을 응원하는지 알아.)'처럼요. 이때, 'which + 명사'가 주어 역할을 할 경우 뒤에 바로 동사가 나옵니다.

1. 어떤 책이 재미있을지 잘 몰랐어.
   I didn't know which books would be fun for me.
2. 어떤 베스트셀러 소설이 내 흥미를 끌지 궁금해.
   I wonder which best-selling novel would interest me.
3. 전자 도서관에서 내가 실제로 끝까지 읽을 책들을 찾을 수 있어.
   I can find which books I will actually finish on the digital library.

Vocabulary

buy 사다 | novel 소설 | leave ~ 상태로 두다 | unread 안 읽은
actually 실제로

15초 프리토킹 연습

다음 내용을 큰 소리로 말하면서 연습해 보세요.

> 어릴 때는 책 읽는 걸 정말 좋아했어. 하지만 나이가 들면서 책을 안 읽게 되었고, 문해력이 떨어지는 것 같았어. 다시 책을 읽으려 했을 때는 어떤 책이 나에게 재미있을지 몰랐어. 베스트셀러 소설을 사 두었지만, 자주 안 읽게 되곤 했지. 지금은 이북리더기를 갖게 되었어. 전자 도서관에서 내가 실제로 끝까지 읽을 만한 책들을 찾을 수 있어.

I really loved reading books when I was a child. But as I grew older, I stopped reading and felt my reading skills were getting weaker. When I tried again, I didn't know which books would be fun for me. I bought best-selling novels, but often left them unread. Now I have an e-book reader. I can find which books I will actually finish on the digital library.

실전 롤플레이 프리토킹

프롬프트 확인하기

Do you like reading books?

어릴 때는 책 읽는 걸 정말 좋아했어.

How about now?

하지만 나이가 들면서 책을 안 읽게 되었고, 문해력이 떨어지는 것 같았어.

So, are you reading again?

지금은 이북리더기를 갖게 되었어.
전자 도서관에서 내가 실제로 끝까지 읽을 만한 책들을 찾을 수 있어.

Day 27 글쓰기의 즐거움 The Joy of Writing

오늘의 표현

writing contest 글쓰기 대회	chance to write 글을 쓸 기회	three short lines 짧은 세 줄
on an app or social media 앱이나 SNS에	**The Joy of Writing**	my thought 내 생각
become clear 맑아지다	write short plans 짧은 계획을 쓰다	planner 플래너

오늘의 문장 구조

두 문장 붙여 말하기: 접속사 when(언제) 다음에 '주어 + 동사'를 붙여 말해요. 'I know when it happened.(그 일이 언제 일어났는지 알아.)'처럼요.

1. 어릴 때 글쓰기 대회에 참가했던 때가 기억나.
   I remember when I joined a writing contest as a kid.
2. 다시 글을 쓸 기회가 언제 올지 몰랐어.
   I didn't know when I could have a chance to write again.
3. 난 내 생각이 언제 맑아지는지 알아.
   I know when my thoughts become clear.

Vocabulary

contest 대회 chance 기회 thought 생각 clear 맑다
plan 계획

15초 프리토킹 연습

다음 내용을 큰 소리로 말하면서 연습해 보세요.

어릴 때 글쓰기 대회에 참가했던 때가 기억나. 자라면서 글을 쓸 기회가 많지 않았어. 지금은 앱이나 SNS에 짧게 세 줄만 써. 플래너에 짧은 계획을 쓰고 난 직후에 생각이 더 명확해진다는 것도 깨달았어. 난 글쓰기를 할 때 꼭 길게 쓰지 않아도 된다고 생각해.

I remember when I joined a writing contest as a kid. As I grew older, I didn't have many chances to write. Now I write just three short lines on an app or social media. I also notice that my thoughts become clearer right after I write short plans in my planner. I think writing doesn't have to be long.

실전 롤플레이 프리토킹

프롬프트 확인하기

Do you like writing?

어릴 때 글쓰기 대회에 참가했던 때가 기억나.

What about now?

글을 쓸 기회가 많지 않았어. 지금은 앱이나 SNS에 짧게 세 줄만 써.

Is that enough?

난 글쓰기를 할 때 꼭 길게 쓰지 않아도 된다고 생각해.

Day 28

캠핑 경험 Camping Experience

오늘의 표현

last summer 지난여름	go camping 캠핑을 가다	by a lake 호숫가
set up the tent 텐트를 치다	**Camping Experience**	the best spot 최고의 장소
see the stars 별을 보다	cook simple food 간단한 음식을 요리하다	by the fire 모닥불 옆에서

오늘의 문장 구조

두 문장 붙여 말하기: 접속사 where(어디서) 다음에 '주어 + 동사'를 붙여 말해요. 'I know where it happened.(그 일이 어디서 일어났는지 알아.)'처럼요.

1. 우리는 텐트를 안전하게 칠 수 있는 곳이 어디인지 찾으려고 했어.
   We tried to find where we could set up the tent safely.

2. 우리는 간단한 음식을 어디에서 요리할 수 있는지 찾았어.
   We looked for where we could cook simple food.

3. 밤에는 별을 볼 수 있는 최고의 장소가 어디인지도 궁금했지.
   At night, we also wondered where the best spot was to see the stars.

Vocabulary

set up 설치하다　safely 안전하게　wonder 궁금하다　spot 장소
simple 간단한　laugh 웃다

15초 프리토킹 연습

다음 내용을 큰 소리로 말하면서 연습해 보세요.

> 지난여름에 나는 친구들과 호숫가로 캠핑을 갔어. 우리는 텐트를 안전하게 칠 수 있는 곳이 어디인지 찾으려고 했어. 밤에는 별을 볼 수 있는 최고의 장소가 어디인지도 궁금했지. 간단한 음식을 해 먹고, 많이 웃고, 모닥불 옆에서 이야기를 나눴어. 집에 있을 때와는 정말 다른 기분이었어. 그 여행 덕분에 다시 캠핑을 가고 싶어졌어.

Last summer, I went camping with my friends by a lake. We tried to find where we could set up the tent safely. At night, we also wondered where the best spot was to see the stars. We cooked simple food, laughed a lot, and told stories by the fire. It felt so different from staying at home. That trip made me want to go camping again.

실전 롤플레이 프리토킹

프롬프트 확인하기

What did you do last summer?

나는 친구들과 호숫가로 캠핑을 갔어.

What did you do there?

간단한 음식을 해 먹고, 많이 웃고, 모닥불 옆에서 이야기를 나눴어.

How did it feel?

집에 있을 때와는 정말 다른 기분이었어.

Day 29 스포츠 경기 관람 Watching Sports

오늘의 표현

go to a baseball game 야구 경기를 보러 가다	with my coworkers 동료들과 함께	the crowd 관중
in the stadium 경기장안에서	**Watching Sports**	cheer 응원하다
clap until our hands hurt 손이 아플 때까지 박수 치다	different from watching it on TV TV로 보는 것과는 다른	go to another game 다른 경기를 보러 가다

오늘의 문장 구조

두 문장 붙여 말하기: 접속사 how(어떻게) 다음에 '주어 + 동사'를 붙여 말해요. 'I know how it happened.(그 일이 어떻게 일어났는지 알아.)'처럼요.

1. 야구 경기를 보러 가는 게 얼마나 재미있는지 깨달았어.
   I realized how fun it is to go to a baseball game.
2. 경기장에서 관중들이 얼마나 크게 소리쳤는지 봤어.
   I saw how loud the crowd was in the stadium.
3. 사람들이 함께 응원할 때 에너지가 얼마나 강한지 느꼈어.
   I felt how strong the energy was when people cheered together.

Vocabulary

strong 강한 | cheer 응원하다 | shout 소리 지르다 | clap 박수 치다
hurt 아프다

15초 프리토킹 연습

다음 내용을 큰 소리로 말하면서 연습해 보세요.

지난달에 나는 동료들과 함께 야구 경기를 보러 갔어. 경기장에서 관중이 얼마나 크게 소리쳤는지 봤어. 사람들이 함께 응원할 때 에너지가 얼마나 강한지도 느꼈어. 우리는 간식을 먹고, 소리 지르고, 손이 아플 때까지 박수를 쳤어. TV로 보는 것과는 완전히 달랐어. 또 다른 경기를 보러 가고 싶어 견딜 수가 없어.

Last month, I went to a baseball game with my coworkers. I saw how loud the crowd was in the stadium. I felt how strong the energy was when people cheered together. We ate snacks, shouted, and clapped until our hands hurt. It felt completely different from watching it on TV. I can't wait to go to another game soon.

실전 롤플레이 프리토킹

프롬프트 확인하기

Have you ever been to a baseball game?

지난달에 나는 동료들과 함께 야구 경기를 보러 갔어.

How was it?

TV로 보는 것과는 완전히 달랐어.

Will you go again?

응. 또 다른 경기를 보러 가고 싶어 견딜 수가 없어.

Day 30 특별한 취미 Special Hobby

오늘의 표현

play the ocarina 오카리나를 연주하다	it sounds so relaxing 소리가 편안하게 들리다	instrument 악기
forget my stress 스트레스를 잊다	Special Hobby	focus only on the rhythm 리듬에만 집중하다
different from any other hobby 다른 취미들과 다르다	keep playing 계속 연주하다	for a long time 오랫동안

오늘의 문장 구조

두 문장 붙여 말하기: 접속사 why(왜) 다음에 '주어+동사'를 붙여 말해요. 'I know why it happened.(그 일이 왜 일어났는지 알아.)'처럼요.

1. 소리가 왜 그렇게 편안하게 들리는지 늘 궁금해.
   I always wonder why it sounds so relaxing.
2. 친구들은 내가 왜 이 악기에 그렇게 많은 시간을 쓰는지 자주 물어봐.
   My friends often ask me why I spend so much time with this instrument.
3. 그래서 오래도록 계속 연주하고 싶어.
   That's why I want to keep playing it for a long time.

Vocabulary

ocarina 오카리나　wonder 궁금하다　relaxing 편안한　rhythm 리듬
different from ~과 다른

15초 프리토킹 연습

다음 내용을 큰 소리로 말하면서 연습해 보세요.

내 특별한 취미는 오카리나 연주야. 소리가 왜 그렇게 편안하게 들리는지 늘 궁금해. 친구들은 내가 왜 이 악기에 그렇게 많은 시간을 쓰는지 자주 물어봐. 연주할 때면 스트레스를 잊고 리듬에만 집중하게 되거든. 이건 전에 해 본 어떤 취미와도 달라. 그래서 오래도록 계속 연주하고 싶어.

My special hobby is playing the ocarina. I always wonder why it sounds so relaxing. My friends often ask me why I spend so much time with this instrument. When I play, I forget my stress and focus only on the rhythm. It feels different from any other hobby I've tried before. That's why I want to keep playing it for a long time.

실전 롤플레이 프리토킹

프롬프트 확인하기

Do you have a hobby?

난 특별한 취미가 있는데 오카리나 연주야.

How do you feel when you enjoy your hobby?

스트레스를 잊고 리듬에만 집중하게 돼.

Is it different from other hobbies you tried?

응. 그래서 오래도록 계속 연주하고 싶어.

MP3 바로 듣기

PART 4

일과 학업

Work and Study

Day 31-40

Day 31 직장 생활 Life at Work

오늘의 표현

get to the office 사무실에 도착하다	around 9 a.m. 아침 9시쯤에	at the start of the day 하루를 시작할 때
urgent email 긴급한 이메일	Life at Work	finish all my tasks 모든 일을 마치다
before the deadline 마감 전에	during lunch breaks 점심 시간에는	talk with my coworkers 동료들과 대화하다

오늘의 문장 구조

두 문장 붙여 말하기: 접속사 if, whether은 '~인지 아닌지'라는 뜻으로 whether은 if보다 격식적인 말투예요.

1. 오전 9시까지 사무실에 도착할 수 있을지 모르겠어.
   I'm not sure if I can get to the office by 9 a.m.
2. 상사에게서 온 긴급한 이메일이 있는지 확인해.
   I check if there are any urgent emails from my boss.
3. 마감 전에 모든 일을 끝낼 수 있을지 확인해.
   I check whether I can finish all my tasks before the deadline.

Vocabulary

office 사무실	around ~쯤에	urgent 긴급한	task 일
deadline 마감일	break 휴식	coworker 동료	

15초 프리토킹 연습

다음 내용을 큰 소리로 말하면서 연습해 보세요.

나는 보통 아침 9시쯤에 사무실에 도착해. 하루를 시작할 때, 상사에게서 온 긴급한 이메일이 있는지 확인해. 내가 마감 전에 모든 일을 끝낼 수 있을지도 확인해. 점심 시간에는 동료들과 대화하며 잠시 쉬어. 오후에는 회의로 인해 종종 하루가 더 길게 느껴지기도 해. 그래도 난 내 일을 즐기려고 노력해.

I usually get to the office around 9 a.m. At the start of the day, I check if there are any urgent emails from my boss. I also check whether I can finish all my tasks before the deadline. During lunch breaks, I talk with my coworkers to relax a little. In the afternoon, meetings often make the day feel longer. Still, I try to enjoy my work.

실전 롤플레이 프리토킹

AI

프롬프트 확인하기

What time do you usually get to work?

나는 보통 아침 9시쯤에 사무실에 도착해.

What do you do when you arrive?

긴급한 이메일이 있는지 확인해.

Is working difficult?

오후에는 회의로 인해 종종 하루가 더 길게 느껴지기도 해.
그래도 난 내 일을 즐기려고 노력해.

Day 32 워라밸 Work-Life Balance

오늘의 표현

work many hours 오랜 시간 일하다	want quick results 빠른 결과를 원하다	break down 무너지다
burnout 번아웃	**Work-Life Balance**	depression 우울증
extreme goal 지나친 목표	spend time with my family 가족들과 시간을 보내다	enjoy my hobbies 취미를 즐기다

오늘의 문장 구조

두 문장 붙여 말하기: 서로 비슷하거나 연결되는 내용은 and, 상반되는 내용은 but, 선택해야 할 내용을 이어 줄 때는 or를 써요.

1. 나는 오랜 시간 일하면서 빠른 결과를 원했어.
   I worked many hours and wanted quick results.
2. 우울증이 있었지만 희망을 잃지 않으려고 애썼어.
   I had depression, but I tried to stay hopeful.
3. 나는 일찍 집에 가서 가족과 시간을 보내거나 취미를 즐겨.
   I go home early to spend time with my family or enjoy my hobbies.

Vocabulary

result 결과　suffer from ~로부터 괴로워하다　depression 우울증　set 세우다
extreme 지나친　easily 쉽게

15초 프리토킹 연습

다음 내용을 큰 소리로 말하면서 연습해 보세요.

예전에는 오랜 시간 일하면서 빠른 결과를 원했어. 점점 무너지기 시작했고 번아웃과 우울증을 겪었어. 지금은 워라밸을 아주 중요하게 생각하고 지나치게 큰 목표는 세우지 않아. 나는 회사에 늦게까지 남아 있지 않고, 일찍 집에 가서 가족과 시간을 보내거나 취미를 즐겨. 주말에 쉬면 일을 더 쉽게 할 수 있어.

In the past, I worked many hours and wanted quick results. I started to break down and suffered from burnout and depression. Now I care a lot about work-life balance and don't set extreme goals. I don't stay late at the office, and I go home early to spend time with my family or enjoy my hobbies. When I rest on weekends, I do my job more easily.

실전 롤플레이 프리토킹

프롬프트 확인하기

Do you care about work-life balance?

응. 워라밸을 아주 중요하게 생각하고 지나치게 큰 목표는 세우지 않아.

So, do you work late?

나는 회사에 늦게까지 남아 있지 않아.

How do you spend your evenings?

나는 일찍 집에 가서 가족과 시간을 보내거나 취미를 즐겨.

Day 33	출퇴근 Commuting

Day 33 출퇴근 Commuting

오늘의 표현

take about thirty minutes 약 30분쯤 걸리다	get to work 회사를 가다	transfer once 한 번 갈아타다
on the subway 지하철에서	**Commuting**	crowded train 붐비는 지하철
I can't get on 못 타다	passengers who push in 밀고 들어오는 승객들	earn money 돈을 벌다

오늘의 문장 구조

who(누구)로 길게 말하기: 'I see people.(사람들을 봐.)'에서 'I see people who are checking their phones.(휴대폰을 보고 있는 사람들을 봐.)'처럼 길게 말할 수 있어요.

1. 붐비는 지하철 안에서 휴대폰을 보고 있는 사람들을 봐.
   I see people who are checking their phones in the crowded train.
2. 카페에서 일을 열심히 하고 있는 사람들을 봐.
   I see people who are working hard in the café.
3. 너무 빨리 밀고 들어오는 승객들 때문에 못 탈 때도 있어.
   I can't get on because of passengers who push in too quickly.

Vocabulary

take 걸리다	about 약	transfer 갈아타다	crowded 붐비는
get on 타다	passenger 승객	commuting 출퇴근	accept 감수하다

15초 프리토킹 연습

다음 내용을 큰 소리로 말하면서 연습해 보세요.

회사에 가는 데 약 30분쯤 걸리고, 지하철을 한 번 갈아타야 해. 매일 아침 붐비는 지하철 안에서 휴대폰을 보고 있는 사람들을 봐. 가끔은 너무 빨리 밀고 들어오는 승객들 때문에 못 탈 때도 있어. 출퇴근은 스트레스를 받지만 돈을 벌려면 감수해야 해. 그래서 나는 웹소설을 읽으면서 그 시간을 즐기려고 해.

It takes me about thirty minutes to get to work, and I transfer once on the subway. Every morning, I see people who are checking their phones in the crowded train. Sometimes I can't get on because of passengers who push in too quickly. Commuting is stressful, but I have to accept it to earn money. So I try to enjoy the time by reading web novels.

실전 롤플레이 프리토킹

프롬프트 확인하기

How long does it take to get to work?

약 30분쯤 걸려.

Do you take the subway straight without transfers?

지하철을 한 번 갈아타야 해.

Is commuting hard for you?

출퇴근은 스트레스를 받지만 돈을 벌려면 감수해야 해.

Day 34

직장 고민 Workplace Dilemma

오늘의 표현

at work 직장에서	face 직면하다	in the right place 올바른 장소
match my skills or interests 내 적성이나 관심사와 맞다	Workplace Dilemma	think about quitting 그만두고 싶다는 생각
bills 생활비	credit card payments 카드값	I can't just stay home 집에서 쉴 수 없다

오늘의 문장 구조

which(어떤)로 길게 말하기: 'I face dilemmas.(딜레마에 빠지다.)'에서 'I face dilemmas which make me confused.(날 혼란스럽게 하는 딜레마에 빠지다.)'처럼 길게 말할 수 있어요.

1. 가끔 직장에서 여기 있는 게 맞나 하는 딜레마에 빠질 때가 있어.

   Sometimes at work, I face dilemmas which make me wonder if I'm in the right place.

2. 내 적성이나 관심사와 전혀 맞지 않는 일을 맡게 될 때도 있지.

   I get tasks which don't really match my skills or interests.

3. 매달 드는 생활비 때문에 선택의 폭이 좁아.

   I have bills which limit my choices every month.

Vocabulary

wonder 고민하다 interest 관심사 collapse 무너지다 remind 생각나게 하다
responsibility 책임감

15초 프리토킹 연습

다음 내용을 큰 소리로 말하면서 연습해 보세요.

> 가끔 직장에서 여기 있는 게 맞나 하는 딜레마에 빠질 때가 있어. 내 적성이나 관심사와 전혀 맞지 않는 일을 맡게 될 때도 있지. 워라밸이 무너질 땐 회사를 그만두고 싶다는 생각도 해. 하지만 여전히 생활비와 카드값을 내야 한다는 게 생각나. 책임감 없이 집에서 하루 종일 쉴 수만은 없잖아.

Sometimes at work, I face dilemmas which make me wonder if I'm in the right place. I get tasks which don't really match my skills or interests. When my work-life balance collapses, I even think about quitting. But then I remind myself that I still have bills and credit card payments. I can't just stay home and relax all day without any responsibilities.

실전 롤플레이 프리토킹

AI 프롬프트 확인하기

Do you have any problems at work?

가끔 직장에서 딜레마에 빠지는데,
내가 여기 있는 게 맞는지 고민하게 만들어.

What kind of problem exactly?

내 적성이나 관심사와 전혀 맞지 않는 일을 맡게 돼.

Is it tough?

워라밸이 무너질 땐 회사를 그만두고 싶다는 생각도 해.

Day 35 이직 준비 Job Transition

오늘의 표현

move to another job 이직을 하다	more pay 더 많은 월급	better benefits 더 좋은 복지
lose the comfort here 지금의 편안함을 잃다	**Job Transition**	my close coworkers 친한 동료들
starting a new job 새로운 일을 시작하는 것	feels scary 무서워하다	the idea of changing jobs 이직에 대한 생각

오늘의 문장 구조

what(무엇)으로 길게 말하기: 'I also know.(나도 알아.)'에서 'I also know what I can lose.(내가 잃을 수 있는 게 뭔지 알아.)'처럼 길게 말할 수 있어요.

1. 이직을 하면 내가 얻을 수 있는 게 뭔지 자주 생각해.
   I think about what I can get if I move to another job.

2. 내가 잃을 수 있는 게 뭔지도 알아.
   I also know what I can lose.

3. 난 내가 무엇을 무서워하는지 알아.
   I know what feels scary to me.

Vocabulary

pay 월급　benefits 복지　comfort 편안함　close 가까운
coworker 동료

15초 프리토킹 연습

다음 내용을 큰 소리로 말하면서 연습해 보세요.

이직을 하면 내가 얻을 수 있는 게 뭔지 자주 생각해. 더 많은 월급이나 좋은 복지가 좋게 들려. 하지만 내가 잃을 수도 있는 게 뭔지도 알아. 지금의 편안함이나 친한 동료들을 잃을 수 있지. 내 나이에 새로운 일을 시작하는 건 무서워. 그래도 이직에 대한 생각은 항상 마음속에 있어. 그래서 나는 시간 날 때마다 영어 공부를 하고 시험도 보려고 해.

I think about what I can get if I move to another job. More pay or better benefits sound nice. But I also know what I can lose. I may lose the comfort here and my close coworkers. Starting a new job at my age feels scary. Still, I always keep the idea of changing jobs in mind. That's why I study English whenever I can and plan to take tests.

실전 롤플레이 프리토킹

프롬프트 확인하기

Have you ever thought about changing jobs?

응, 이직을 하면 내가 얻을 수 있는 게 뭔지 자주 생각해.

Aren't you afraid?

내 나이에 새로운 일을 시작하는 건 무서워.

How are you preparing for it?

나는 시간 날 때마다 영어 공부를 하고 시험도 보려고 해.

Day 36 시간 관리 Time Management

오늘의 표현

so many things to do 해야 할 일이 너무 많다	plan my day 하루를 계획하다	grow by working 일하며 성장하다
take care of myself 스스로를 돌보다	**Time Management**	make an environment 환경을 만들다
stay focused 집중하다	review my day 하루를 돌아보다	keep my own routine 나만의 루틴을 지키다

오늘의 문장 구조

when(언제), where(어디서)로 길게 말하기: 시간에 관해서는 when, 장소에 관해서는 where로 말해요.

1. 아침은 주로 내가 하루 계획을 세우는 시간이야.
   Morning is the time when I usually plan my day.
2. 저녁은 내가 하루를 돌아보는 시간이야.
   Evening is the time when I review my day.
3. 집중이 잘 되고 긍정적인 마음을 유지할 수 있는 환경을 만들려고 노력해.
   I try to make an environment where I can stay focused and positive.

Vocabulary

plan 계획하다 grow 성장하다 taking care of 돌보는 것 environment 환경
review 돌아보다

15초 프리토킹 연습

다음 내용을 큰 소리로 말하면서 연습해 보세요.

매일 해야 할 일이 정말 많아. 아침은 보통 내가 하루 계획을 세우는 시간이야. 나는 일하고, 공부하고, 운동하고, 스스로를 돌보며 성장하고 싶어. 그래서 집중이 잘 되고 긍정적인 마음을 유지할 수 있는 환경을 만들려고 노력해. 저녁은 내가 하루를 돌아보는 시간이야. 이 모든 것을 해내기 위해 나만의 아침과 저녁 루틴을 지키고 있어.

I have so many things to do every day. Morning is the time when I usually plan my day. I want to grow by working, studying, exercising, and taking care of myself. So, I try to make an environment where I can stay focused and positive. Evening is the time when I review my day. I keep my own morning and evening routines to make all of this happen.

실전 롤플레이 프리토킹

프롬프트 확인하기

Do you have your own time management habits?

나는 나만의 아침과 저녁 루틴을 지켜.

Tell me more.

아침은 보통 내가 하루 계획을 세우는 시간이야.

How about evening?

저녁은 내가 하루를 돌아보는 시간이야.

Day 37 창업 아이디어 Business Ideas

오늘의 표현

start a business 창업하다	use social media 소셜 미디어를 이용하다	give it a try 도전하다
open their own shops 자기 가게를 열다	**Business Ideas**	a simple way to test 시험할 수 있는 간단한 방법
a new idea 새로운 아이디어	without taking much risk 큰 위험 없이	run my own business 나만의 사업을 하다

오늘의 문장 구조

why(왜), how(어떻게)로 길게 말하기: 이유에 관해서는 why, 방법에 관해서는 how로 말해요.

1. 그게 나도 도전해 보고 싶은 이유야.

   That's the reason why I also want to give it a try.

2. 스마트 스토어가 사람들이 쉽게 자기 가게를 열 수 있는 방법이라고 들었어.

   I've heard that Smart Store is how people can easily open their own shops.

3. 그게 바로 내가 큰 리스크를 감수하지 않으면서 내 사업을 하는 이유야.

   That's exactly why I run my own business without taking too many risks.

Vocabulary

start a business 창업하다 give it a try 도전하다 risk 위험 someday 언젠가는
run 운영하다

15초 프리토킹 연습

다음 내용을 큰 소리로 말하면서 연습해 보세요.

> 요즘은 많은 사람들이 소셜 미디어를 이용해서 사업을 시작해. 그래서 나도 도전해 보고 싶어. 스마트 스토어가 사람들이 쉽게 자기 가게를 열 수 있는 방법이라고 들었어. 큰 위험 없이 새로운 아이디어를 시험할 수 있는 간단한 방법처럼 들려. 언젠가는 나만의 사업을 하고 얼마나 성장할 수 있을지 경험해 보고 싶어.

These days, many people start businesses using social media. That's the reason why I also want to give it a try. I've heard that Smart Store is how people can easily open their own shops. It sounds like a simple way to test a new idea without taking much risk. Someday, I'd like to run my own business and see how far it can go.

실전 롤플레이 프리토킹

프롬프트 확인하기

These days, many people start businesses using social media.

맞아, 그래서 나도 도전해 보고 싶어.

How are you going to start?

스마트 스토어가 사람들이
쉽게 자기 가게를 열 수 있는 방법이라고 들었어.

It sounds like a simple way to test a new idea.

맞아! 언젠가는 나만의 사업을 하고
얼마나 성장할 수 있을지 경험해 보고 싶어.

Day 38 자기 계발 Self-Improvement

오늘의 표현

the big three in self-improvement 자기 계발의 3대장	reading 독서	working out 운동
learning English 영어 배우기	**Self-Improvement**	before I go to sleep 자기 전에
problem-solving skills 문제 해결력	hit the gym 헬스장에 다니다	practice English with AI AI와 영어 연습을 하다

오늘의 문장 구조

before(전에), after(후에)로 말하기: 두 문장의 시간 전후 관계를 말할 수 있어요.

1. 난 자기 전에 밀리의 서재에서 책을 자주 읽어.

   I often read on Millie's Library before I go to sleep.

2. 6개월간 영어를 배운 뒤, AI와 매일 영어를 연습해.

   After six months of learning English, I practice English with AI every day.

3. 주 2회 헬스장에 다녀온 후엔 항상 몸이 더 강해지는 걸 느껴.

   After I hit the gym twice a week, I always feel my body getting stronger.

Vocabulary

self-improvement 자기 계발	problem-solving 문제 해결	hit the gym 헬스장에 다니다
practice 연습하다	opportunity 기회	

15초 프리토킹 연습

다음 내용을 큰 소리로 말하면서 연습해 보세요.

> 난 자기 계발에 정말 푹 빠져 있어. 자기 계발의 3대장은 '독서, 운동, 영어'라고 믿고 있어. 난 문제 해결력을 키우려고 자기 전에 밀리의 서재에서 책을 자주 읽어. 주 2회 헬스장에 다녀온 후엔 항상 몸이 더 강해지는 걸 느껴. 또 AI와 영어 연습을 하면서 더 많은 글로벌 기회를 얻으려고 하고 있어.

I'm really into self-improvement. I believe the big three in self-improvement are 'reading, working out, and learning English.' I often read on Millie's Library before I go to sleep to build my problem-solving skills. After I hit the gym twice a week, I always feel my body getting stronger. I also practice English with AI to open up more global opportunities.

실전 롤플레이 프리토킹

프롬프트 확인하기

Do you like self-improvement?

난 자기 계발에 정말 푹 빠져 있어.

What kind of self-improvement do you do?

자기 계발의 3대장은 '독서, 운동, 영어'라고 믿고 있어.

When do you read books?

자기 전에 밀리의 서재에서 책을 자주 읽어.

Day 39 외국어 공부 Language Learning

오늘의 표현

study English 영어를 공부하다	since I was young 어릴 때부터	be not good at speaking 말하기는 잘 못하다
change my study methods 공부 방법을 바꾸다	**Language Learning**	speak more easily 훨씬 더 쉽게 말하다
with YouTube and AI 유튜브와 AI가 있으면	would like to learn Japanese 일본어를 배우고 싶다	pick it up quickly 금방 배울 수 있다

오늘의 문장 구조

when(~할 때), while(~하는 동안)로 말하기: 하나의 사건이 진행될 때 다른 사건이 생겼다는 걸 말할 수 있어요.

1. 영어를 공부하던 중에 내가 말하기에 약하다는 걸 깨달았어.
   When I was studying English, I realized I was not good at speaking.
2. 성인이 되었을 때 공부 방법을 바꿨어.
   When I became an adult, I changed my study methods.
3. 지난달에 일본 여행을 하는 동안 갑자기 일본어를 배우고 싶다는 생각이 들었어.
   While I was traveling in Japan last month, I suddenly thought I'd like to learn Japanese.

Vocabulary

since ~부터　good at ~을 잘하는　suddenly 갑자기　learn 배우다
quickly 금방

15초 프리토킹 연습

다음 내용을 큰 소리로 말하면서 연습해 보세요.

나는 어릴 때부터 영어를 공부했지만 말하기는 잘 못했어. 성인이 되었을 때 공부 방법을 바꿨어. 지금은 유튜브와 AI 덕분에 훨씬 더 쉽게 말할 수 있어. 지난달에 일본 여행을 하는 동안 갑자기 일본어를 배우고 싶다는 생각이 들었어. 유튜브와 AI가 있으면 금방 배울 수 있을 거라고 믿어.

I had studied English since I was young, but I wasn't good at speaking. When I became an adult, I changed my study methods. Now I can speak more easily with YouTube and AI. While I was traveling in Japan last month, I suddenly thought I'd like to learn Japanese. With YouTube and AI, I believe I can pick it up quickly.

실전 롤플레이 프리토킹

프롬프트 확인하기

Have you ever studied English?

나는 어릴 때부터 영어를 공부했지만 말하기는 잘 못했어.

How did you become good at speaking English?

성인이 되었을 때 공부 방법을 바꿨어.

How do you study now?

지금은 유튜브와 AI 덕분에 훨씬 더 쉽게 말할 수 있어.

Day 40 고학력 도전 Academic Goals

오늘의 표현

when I was in college 대학생 때는	studying was so hard 공부가 너무 힘들다	go to grad school 대학원에 가다
I didn't want to study anymore 더 이상 공부하고 싶지 않았다	**Academic Goals**	I wish I could be a student again 학생으로 다시 돌아가고 싶다
study abroad 해외에서 공부하다	master's degree 석사 과정	getting a PhD 박사 과정을 하다

오늘의 문장 구조

because(왜냐하면), so(그래서)로 말하기: 두 문장의 인과 관계를 말할 수 있어요.

1. 공부하는 게 너무 힘들어서 대학원에 가고 싶지 않았어.
   I didn't want to go to grad school because studying was so hard.

2. 그때는 너무 지쳐 있어서 더 이상 공부라는 걸 하고 싶지 않았지.
   I didn't want to study anymore because I was so tired back then.

3. 지금은 학생으로 다시 돌아가고 싶어. 그래서 해외에서 공부하고 싶어.
   Now, I wish I could be a student again, so I want to study abroad.

Vocabulary

grad school 대학원　anymore 더 이상　abroad 해외에서　master's degree 석사 과정
PhD 박사 과정　in the future 나중에는, 미래에

15초 프리토킹 연습

다음 내용을 큰 소리로 말하면서 연습해 보세요.

대학교를 다닐 때는 공부가 너무 힘들어서 대학원에 가고 싶지 않았어. 그때는 너무 지쳐 있어서 더 이상 공부라는 걸 하고 싶지 않았지. 지금은 학생으로 다시 돌아가고 싶어. 그래서 해외에서 석사 과정을 하고 싶어. 그리고 나중에는 박사까지도 생각하고 있어.

When I was in college, studying was so hard that I never wanted to go to grad school. I didn't want to study anymore because I was so tired back then. Now, I wish I could be a student again, so I want to study abroad for a master's degree. I'm also thinking about getting a PhD in the future.

실전 롤플레이 프리토킹

AI

프롬프트 확인하기

Have you ever thought about going to grad school?

대학생 때 공부가 너무 힘들어서 대학원에 가고 싶지 않았어.

Then, what about now?

지금은 학생으로 다시 돌아가고 싶어.

In your country or abroad?

해외에서 석사 과정을 하고 싶어.

MP3 바로 듣기

PART 5

건강과 웰빙

Health and Wellness

Day 41-50

Day 41 건강 관리 팁 Health Tips

오늘의 표현

be into health 건강에 관심이 있다	when I was younger 어릴 때는	turn thirty 서른이 되다
have trouble with digestion 소화가 잘 안 되다	**Health Tips**	pay more attention 더 신경 쓰다
healthy herbal tea 몸에 좋은 허브차	check-ups 건강검진	doctor's advice 의사의 조언

오늘의 문장 구조

since(~한 이후로)로 말하기: 어떤 사건이 생긴 이후로 '주어+동사'를 붙여서 무슨 일이 있었는지 말할 수 있어요.

1. 서른이 되고 소화가 잘 안 된다고 느낀 이후에는 더 신경 쓰기 시작했어.

   Since I turned thirty and started having trouble with digestion, I began paying more attention.

2. 서른 이후로 규칙적으로 운동하기 시작했어.

   Since I turned thirty, I've started exercising regularly.

3. 건강에 더 신경 쓰기 시작한 이후로, 의사의 조언을 더 잘 따르고 있어.

   Since I started to pay more attention to my health, I follow the doctor's advice more.

Vocabulary

digestion 소화　pay attention 주위를 기울이다　used to ~하곤 하다　throat 목
instead 대신에　advice 조언

15초 프리토킹 연습

다음 내용을 큰 소리로 말하면서 연습해 보세요.

나는 어릴 때는 건강에 관심이 없었어. 하지만 서른이 되고 소화가 잘 안 된다고 느낀 이후에는 더 신경 쓰기 시작했어. 매일 커피를 마셨는데, 목이 건조해진다고 느껴서 끊었어. 대신 이제는 몸에 좋은 허브차를 즐겨 마셔. 나는 건강검진을 받고, 의사의 조언을 따르려고 해.

I wasn't into health when I was younger. However, since I turned thirty and started having trouble with digestion, I began paying more attention. I used to drink coffee every day, but I stopped because it made my throat feel dry. Now, I enjoy drinking healthy herbal tea instead. I try to get check-ups and follow my doctor's advice.

실전 롤플레이 프리토킹

프롬프트 확인하기

Were you interested in health?

나는 어릴 때는 건강에 관심이 없었어.

What about now?

서른이 되고 소화가 잘 안 된다고 느낀 이후에는 더 신경 쓰기 시작했어.

Did you change any habits for your health?

매일 커피를 마셨는데, 끊었어. 대신 이제는 몸에 좋은 허브차를 즐겨 마셔.

Day 42 규칙적인 운동 Regular Exercise

오늘의 표현

not have much time 시간이 많지 않다	try to exercise regularly 운동을 규칙적으로 하려고 하다	go to the gym 헬스를 하다
do Pilates 필라테스를 하다	**Regular Exercise**	sore muscle 근육통
feel refreshed 상쾌해지다	after a workout 운동을 하고 나면	keep ~ strong ~을 강하게 하다

오늘의 문장 구조

although/even though(비록 ~이긴 하지만)로 말하기: 상반되는 두 사건을 붙여 말할 때 써요.

1. 난 비록 바쁘지만, 운동은 규칙적으로 하려고 해.
   Although I'm busy, I try to exercise regularly.
2. 난 비록 피곤하지만, 필라테스는 매일 해.
   Although I'm tired, I do Pilates every day.
3. 비록 근육통으로 힘들지만, 항상 상쾌해져.
   Even though I struggle with sore muscles, I always feel refreshed.

Vocabulary

regularly 규칙적으로	gym 체육관, 헬스장	struggle with ~으로 인해 고생하다
sore muscle 근육통	feel refreshed 상쾌해지다	strong 강한

영어회화용
챗GPT 프롬프트
수록

AI로 여는 새로운 영어회화 시대

영어 프리토킹 100일의 기적 with AI

에스텔 지음

실전 롤플레이 훈련북

넥서스

Day 01 나에 대해 About Me

A: Where do you live and what industry do you work in?
B: I live in Seoul and I work in the field of education.
A: What are you into?
B: I'm into self-improvement.
A: Isn't self-improvement challenging?
B: It's challenging, but I enjoy the process.

A: 넌 어디 살고, 어느 업계에서 일해?
B: 나는 서울에 살고 교육 업계에서 일해.
A: 너는 뭐에 관심이 많아?
B: 나는 자기 계발에 관심이 많아.
A: 자기 계발하는 거 힘들진 않아?
B: 힘들긴 하지만, 과정을 즐기고 있어.

Day 02 하루 루틴 Daily Routine

A: How do you start your day?
B: These days, I'm starting my day with some exercise.
A: What do you do next?
B: Then, I grab a coffee with some nuts for breakfast, take a shower, and get ready.
A: What time do you usually go to bed?
B: I usually go to bed around 11 PM.

A: 넌 하루를 어떻게 시작해?
B: 요즘, 나는 운동으로 하루를 시작하고 있어.
A: 그 다음은 뭐 해?
B: 그 다음에 아침으로 커피 한 잔에 견과류를 먹고, 샤워를 한 뒤 준비를 해.
A: 넌 주로 몇 시에 자러 가?
B: 나는 보통 밤 11시쯤 자러 가.

Day 03 내가 하는 일 My Work

A: What do you do for work?
B: I used to have a 9-to-5 job, but now I work for myself.
A: When did you quit your job?
B: I quit two years ago.
A: What are you going to do today?
B: I'm going to meet a client over a video call.

A: 너는 무슨 일을 해?
B: 나는 원래 직장 생활을 했는데 지금은 프리랜서로 일하고 있어.
A: 언제 퇴사했어?
B: 재작년에 퇴사했어.
A: 오늘은 무슨 일을 해?
B: 화상 회의로 클라이언트를 만날 계획이야.

Day 04 가족 소개 My Family

A: Can you tell me about your family?
B: My family was pretty much a typical Korean family.
A: What did your parents do?
B: They were a working couple.
A: What were your siblings like?
B: We were opposites in personality, but got along great when we hung out.

A: 가족에 대해 얘기해 줄래?
B: 우리 가족은 전형적인 한국 가족이었어.
A: 부모님은 뭐 하셨어?
B: 맞벌이를 하셨어.
A: 형제자매는 어땠어?
B: 우리는 성격이 정반대였는데, 놀 때는 죽이 잘 맞았어.

Day 05 집안일 담당 Housework

A: What are you in charge of when it comes to housework?
B: I have always been in charge of cleaning.
A: Why?
B: I like cleaning more than cooking or doing the laundry.
A: Do you have any cleaning tips?
B: I have always sold things I don't use anymore on a secondhand marketplace app.

A: 너는 집안일에서 뭘 담당하고 있어?
B: 나는 집안일 중에서 항상 청소를 담당해 왔어.
A: 왜?
B: 나는 요리나 빨래보다 청소가 더 좋더라고.
A: 너만의 청소 팁이 있어?
B: 난 더 이상 안 쓰는 물건은 언제나 중고거래 앱에 팔아 왔어.

Day 06 친구 관계 Friendship

A: Who are your best friends?
B: My best friends are my high school friends.
A: What do you usually do with them?
B: We love meeting up and chatting for hours.
A: I have heard people say, "Friendships don't last forever."
B: Hmm… I don't believe that at all.

A: 가장 친한 친구들이 누구야?
B: 내 가장 친한 친구들은 고등학교 친구들이야.
A: 그 친구들과 주로 뭐 해?
B: 우리는 만나서 몇 시간씩 수다 떠는 걸 좋아해.
A: 난 사람들이 "우정은 영원하지 않아."라고 말하는 걸 들은 적 있어.
B: 흠… 난 전혀 그렇게 생각하지 않아.

Day 07 날씨 이야기 Weather Talk

A: Have you checked the weather today?
B: Yes, I have just checked it on my phone.
A: Tell me.
B: Today will be sunny with lots of fluffy clouds.
A: Do you like sunny days?
B: Yeah! Sunny days are my favorite because they make me feel energized.

A: 오늘 날씨 확인해 봤어?
B: 응, 방금 핸드폰으로 확인했어.
A: 말해 줘.
B: 오늘은 화창하고 뭉게구름이 많이 낀 날씨래.
A: 화창한 날 좋아해?
B: 응! 나는 화창한 날을 가장 좋아하는데, 그런 날은 에너지가 넘치는 기분이 들거든.

Day 08 오늘 있었던 일 Sharing My Day

A: How was your day?
B: I have finally finished everything I put off for months.
A: What did you do?
B: I cleaned my desk and finished reading the book I started last month.
A: Sounds like you had a good day!
B: Yeah, it was a busy but rewarding day.

A: 오늘 하루 어떻게 보냈어?
B: 오늘 드디어 몇 달간 미뤘던 일을 모두 끝냈어.
A: 뭐 했는데?
B: 책상을 정리했고, 지난달에 읽기 시작한 책도 다 읽었어.
A: 좋은 하루를 보냈구나!
B: 응, 바빴지만 보람찬 하루였어.

Day 09 주말 계획 Weekend Plans

A: What are your plans for this weekend?
B: I have to get my hair permed and colored.
A: Anything else?
B: I also have to go to the department store to buy a nice outfit.
A: Do you do anything every weekend?
B: I order fried chicken on weekends, but this time I'm going to try the new one that just came out.

A: 이번 주말 계획이 뭐야?
B: 주말에 머리를 파마하고 염색해야 해.
A: 그거 말고는?
B: 좋은 옷을 사러 백화점도 가야 해.
A: 주말마다 하는 거 있어?
B: 난 주말마다 치킨을 시켜 먹는데, 이번에는 새로 나온 치킨을 먹어 볼 거야.

Day 10 이동 수단 Getting Around

A: What do you usually take to get around?
B: I have been using buses and subways most of the time. These days, I have been driving more often.
A: Which one is more convenient?
B: I can't go anywhere without my car.
A: Is there a car you want to have?
B: I want to drive a supercar someday if I make a lot of money.

A: 이동할 때 주로 뭐 타?
B: 난 주로 버스와 지하철을 이용해 왔어. 요즘에는 차를 더 자주 몰고 다녀.
A: 뭐가 더 편해?
B: 난 차 없이는 어디도 못 가.
A: 갖고 싶은 차 있어?
B: 나중에 돈을 많이 벌어서 슈퍼카를 몰고 싶어.

Day 11 요리 스킬 Cooking Skills

A: Are you good at cooking?
B: I wasn't good at cooking, but my cooking skills got so much better.
A: How did you start cooking?
B: When I lived alone, I had to cook for myself.
A: Do you like eating out?
B: No. I think everyone must try cooking at home instead of eating out.

A: 너 요리 잘해?
B: 원래는 못했는데 요리 실력이 정말 좋아졌어.
A: 요리를 어떻게 시작하게 됐어?
B: 자취할 때 혼자 요리해 먹어야 했어.
A: 외식하는 것 좋아해?
B: 아니. 난 모든 사람들이 외식보다는 집에서 요리를 해 봐야 한다고 생각해.

Day 12 맛집 탐방 Food Adventures

A: Do you like going to good places to eat?
B: Yes. There are so many hidden gems in Korea and I have checked out lots of popular spots.
A: Do you have a go-to place?
B: No, but I have explored most of the must-try restaurants.
A: Will you eat out this weekend?
B: Yes. This weekend, I will visit a Michelin two-star restaurant!

A: 너는 맛집 가는 거 좋아해?
B: 응. 한국에는 숨은 맛집들이 정말 많고, 난 인기 있는 곳들을 많이 가 봤어.
A: 단골 맛집도 있어?
B: 아니, 그렇지만 꼭 가 봐야 하는 식당들은 거의 다 가 본 것 같아.
A: 이번 주말에도 외식할 거야?
B: 응. 이번 주말에는 미슐랭 투 스타 식당에 갈 거야!

Day 13 영화와 미드 Movies and TV Shows

A: Do you like watching movies at the theater?
B: I used to, but these days, I would rather watch TV shows on my phone.
A: When do you watch them?
B: On the go or in bed.
A: What TV shows would you like to recommend?
B: I would like to recommend good K-dramas.

A: 영화관에서 영화 보는 거 좋아해?
B: 전에는 그랬는데 요즘은 핸드폰으로 TV 프로그램을 보는 게 더 좋아.
A: 언제 보는데?
B: 이동할 때나 침대에서.
A: 무슨 TV 프로그램을 추천하고 싶어?
B: 재미있는 한국 드라마를 추천하고 싶어.

Day 14 커피와 음료 Coffee and Drinks

A: What kind of coffee do you drink?
B: I only drink iced Americanos, even in winter.
A: How much do you drink a day?
B: I used to have three or four cups a day, which isn't good for my health.
A: So, what's better for you?
B: I think I should drink tea instead.

A: 너는 무슨 커피 마셔?
B: 나는 얼죽아야.
A: 하루에 얼마나 마셔?
B: 예전엔 하루에 서너 잔씩 마시기도 했는데, 그건 건강에 좋지 않더라고.
A: 그럼, 뭐가 건강에 좋을까?
B: 대신에 차를 마셔야 할 것 같아.

Day 15 좋아하는 공연 Favorite Performances

A: What is your favorite performance?
B: My favorites are musicals, plays, ballet and opera.
A: Why do you enjoy watching performances?
B: Watching a performance can help me forget about real-life problems.
A: Do you have a special memory from a show?
B: I could take pictures with the actors or dancers, and that's my favorite part.

A: 제일 좋아하는 공연이 뭐야?
B: 내가 제일 좋아하는 건 뮤지컬, 연극, 발레, 그리고 오페라야.
A: 왜 공연 보는 걸 좋아해?
B: 공연을 보고 있으면 현실의 고민을 잠시 잊을 수 있어.
A: 공연에서 특별한 추억이 있어?
B: 공연이 끝난 후 배우 또는 무용수와 사진을 찍을 수 있는데, 그 시간이 내가 제일 좋아하는 부분이야.

Day 16 음악 감상 Listening to Music

A: Do you like listening to music?
B: Yes, I mostly play music on YouTube.
A: Do you also have a good Bluetooth speaker?
B: Of course. These days, a Bluetooth speaker may make a big difference in sound quality.
A: What are you listening to today?
B: I might wind down with healing music on YouTube.

A: 음악 듣는 거 좋아해?
B: 응, 난 주로 유튜브로 음악을 재생해.
A: 블루투스 스피커도 좋은 거 있어?
B: 물론이지. 요즘에는 블루투스 스피커에 따라 음질 차이가 클 수도 있어.
A: 오늘은 뭐 들을 예정이야?
B: 유튜브에서 힐링 음악을 들으며 하루를 마무리하려고 해.

Day 17 패션 취향 Fashion Taste

A: Do you care about fashion?
B: I didn't really care about fashion back then.
A: What about now?
B: I haven't totally changed, but now I'm making more effort to look a little more put together.
A: How?
B: I check out some YouTubers to get ideas for my go-to outfits.

A: 패션에 신경 많이 써?
B: 나는 예전에는 패션에 별로 신경 쓰지 않았어.
A: 요즘에는?
B: 완전히 변한 건 아니지만, 이제는 좀 더 깔끔해 보이려고 노력하고 있어.
A: 어떻게?
B: 기본적인 코디 아이디어를 얻으려고 유튜버들을 찾아봐.

Day 18 쇼핑 습관 Shopping Habits

A: When do you usually shop these days?
B: I used to shop in person, but these days I buy almost everything online.
A: Why?
B: It's so convenient.
A: What's especially convenient about it?
B: Packages often arrive the very next day, and shipping is sometimes free.

A: 넌 요즘 어디에서 쇼핑해?
B: 예전에는 항상 오프라인 매장에서 직접 쇼핑을 했는데, 요즘은 거의 모든 걸 온라인으로 사.
A: 왜?
B: 너무 편하거든.
A: 어떤 게 특히 편한데?
B: 택배가 보통 바로 다음 날 오고, 배송비가 무료일 때도 있어.

Day 19 집 꾸미기 Home Deco

A: Have you ever tried decorating your place by yourself?
B: Yes. I've only moved the furniture around a bit, but nothing major.
A: Decorating alone can be tough, right?
B: These days, there are so many books on decorating small rentals or studios.
A: Would you like to try decorating your room if you get the chance?
B: I think it could be fun and make the place feel more like mine.

A: 집을 직접 꾸며 본 적 있어?
B: 응. 나는 그냥 가구만 조금 옮겨 본 적은 있는데, 큰 건 안 해 봤어.
A: 혼자 집 꾸미는 건 쉽지 않지?
B: 요즘은 전셋집이나 원룸을 예쁘게 꾸미는 것에 대한 책들이 정말 많아.
A: 기회가 되면 너도 방 꾸미기를 해 보고 싶어?
B: 내 생각엔 아주 재미있을 것 같고 집이 훨씬 내 공간처럼 느껴질 것 같아.

Day 20 반려 동물 키우기 Pet Care

A: Have you ever had a pet?
B: I had my first pet dog when I was about ten years old. The breed was a poodle.
A: What made you want a pet?
B: I saw it at a pet shop and begged my mom to get it for me.
A: Who took care of it?
B: Even though I was young, I fed it, walked it, and took care of it myself.

A: 반려동물을 키워 본 적 있어?
B: 나는 열 살쯤에 처음으로 반려견을 키웠어. 품종은 푸들이었어.
A: 왜 반려동물을 키우고 싶었어?
B: 펫숍에서 보고 엄마에게 사 달라고 졸랐어.
A: 그럼 누가 돌봤어?
B: 어렸지만 내가 밥도 주고 산책도 시키고 직접 다 돌봤어.

Day 21 여행 이야기 Travel Stories

A: Why don't we talk about our most memorable trips?
B: Let's start with mine—it was definitely my trip to Guam.
A: What made that trip so special for you?
B: I used English a lot there, and I felt excited to talk to people.
A: Sounds fun! What else did you do during your trip?
B: I also swam all day, which made me feel so free.

A: 우리 가장 기억에 남는 여행에 대해 이야기해 보는 게 어때?
B: 내 이야기부터 시작하자면, 단연 괌 여행이었어.
A: 그 여행이 특별했던 이유가 뭐야?
B: 거기서 영어를 많이 쓰면서 사람들과 소통하는 게 짜릿했어.
A: 재미있었겠다! 여행 중에 또 뭐 했어?
B: 또 하루 종일 수영을 했는데 정말 자유로운 느낌이었어.

Day 22 OTT 서비스 Streaming Platforms

A: Did you ever feel uncomfortable before technology got this advanced?
B: Yes. When I was a kid, I had to watch TV with my family, even if I wasn't interested.
A: What about now?
B: Now I can stream whatever I want, anytime and anywhere.
A: Do you think this era is better?
B: Yes! What an incredible era to enjoy and learn from so much content!

A: 기술이 지금처럼 발전하기 전에 불편함을 느낀 적 있어?
B: 응. 어릴 때는 내가 재미없어도 가족과 함께 TV를 봐야 했어.
A: 지금은 어때?
B: 이제는 내가 원하는 영상을 언제 어디서나 볼 수 있지.
A: 지금 시대가 더 좋다고 생각해?
B: 응! 이렇게나 많은 콘텐츠를 즐기고 거기서 무언가 배울 수 있다니 정말 대단한 시대야!

Day 23 라이브 콘서트 Live Concerts

A: Have you ever been to a concert?
B: Yes, when I was in college. Recently, I had the chance to go again.
A: How was it?
B: The music was so powerful that I felt every beat shaking my heart.
A: Was it different from listening to music at home?
B: Live concerts are on a whole different level compared to streaming music or YouTube.

A: 콘서트 가 본 적 있어?
B: 응, 대학생 때. 최근에도 다시 갈 기회가 있었어.
A: 어땠어?
B: 음악이 아주 파워풀해서 모든 비트가 심장이 울리는 기분이었어.
A: 집에서 듣는 음악과 달랐어?
B: 라이브 콘서트는 음원이나 유튜브로 듣는 것과는 차원이 다르더라.

Day 24 게임 즐기기 Enjoying Games

A: Do you play games?
B: Yes, but in the past, I often thought playing games was a waste of time.
A: How about now?
B: With the rise of e-sports, the view has completely changed.
A: So, you like watching games?
B: Yes. It's exciting to see who will win first place in a match.

A: 넌 게임해?
B: 응, 그런데 예전에는 게임을 하는 게 시간 낭비라고 생각하는 경우가 종종 있었어.
A: 지금은 어때?
B: e스포츠가 부상하면서 시각이 완전히 달라졌지.
A: 그럼 게임 경기 보는 걸 좋아하는 거야?
B: 응. 경기에서 누가 1위를 할지 보는 건 정말 신이 나.

Day 25 전시 나들이 Exhibition Visits

A: What did you do on the weekend?
B: I visited a small gallery near my place.
A: What did you do after seeing the exhibition?
B: I bought a catalog or some items I liked.
A: Do you usually enjoy going to exhibitions?
B: Yes. Visiting exhibitions is a chill way to reset and spark new ideas.

A: 주말에 뭐 했어?
B: 집 근처 작은 갤러리에 들렀어.
A: 전시를 보고 나서는 뭐 했어?
B: 도록이나 갖고 싶은 물건을 샀어.
A: 평소에도 전시 보는 거 좋아해?
B: 응. 전시회를 방문하는 것은 머리를 식히고 새로운 아이디어에 불을 붙이기 딱 좋아.

Day 26 책 읽기 Reading Books

A: Do you like reading books?
B: I really loved reading books when I was a child.
A: How about now?
B: But as I grew older, I stopped reading and felt my reading skills were getting weaker.
A: So, are you reading again?
B: Now I have an e-book reader. I can find which books I will actually finish on the digital library.

A: 책 읽는 거 좋아해?
B: 어릴 때는 책 읽는 걸 정말 좋아했어.
A: 지금은?
B: 하지만 나이가 들면서 책을 안 읽게 되었고, 문해력이 떨어지는 것 같았어.
A: 그래서 다시 읽어?
B: 지금은 이북리더기를 갖게 되었어. 전자 도서관에서 내가 실제로 끝까지 읽을 만한 책들을 찾을 수 있어.

Day 27 글쓰기의 즐거움 The Joy of Writing

A: Do you like writing?
B: I remember when I joined a writing contest as a kid.
A: What about now?
B: I didn't have many chances to write. Now I write just three short lines on an app or social media.
A: Is that enough?
B: I think writing doesn't have to be long.

A: 글 쓰는 거 좋아해?
B: 어릴 때 글쓰기 대회에 참가했던 때가 기억나.
A: 지금은?
B: 글을 쓸 기회가 많지 않았어. 지금은 앱이나 SNS에 짧게 세 줄만 써.
A: 그렇게만 써도 돼?
B: 난 글쓰기를 할 때 꼭 길게 쓰지 않아도 된다고 생각해.

Day 28 캠핑 경험 Camping Experience

A: What did you do last summer?
B: I went camping with my friends by a lake.
A: What did you do there?
B: We cooked simple food, laughed a lot, and told stories by the fire.
A: How did it feel?
B: It felt so different from staying at home.

A: 지난여름에 뭐 했어?
B: 나는 친구들과 호숫가로 캠핑을 갔어.
A: 가서 뭐 했어?
B: 간단한 음식을 해 먹고, 많이 웃고, 모닥불 옆에서 이야기를 나눴어.
A: 기분이 어땠어?
B: 집에 있을 때와는 정말 다른 기분이었어.

Day 29 스포츠 경기 관람 Watching Sports

A: Have you ever been to a baseball game?	A: 야구 경기 본 적 있어?
B: Last month, I went to a baseball game with my coworkers.	B: 지난달에 나는 동료들과 함께 야구 경기를 보러 갔어.
A: How was it?	A: 어땠어?
B: It felt completely different from watching it on TV.	B: TV로 보는 것과는 완전히 달랐어.
A: Will you go again?	A: 또 보러 갈 계획이야?
B: Yes. I can't wait to go to another game soon.	B: 응. 또 다른 경기를 보러 가고 싶어 견딜 수가 없어.

Day 30 특별한 취미 Special Hobby

A: Do you have a hobby?	A: 혹시 취미가 있어?
B: I have a special hobby and it's playing the ocarina.	B: 난 특별한 취미가 있는데 오카리나 연주야.
A: How do you feel when you enjoy your hobby?	A: 취미를 즐길 때 어때?
B: I forget my stress and focus only on the rhythm.	B: 스트레스를 잊고 리듬에만 집중하게 돼.
A: Is it different from other hobbies you tried?	A: 그동안 해 봤던 다른 취미들과 달라?
B: Yes. That's why I want to keep playing it for a long time.	B: 응. 그래서 오래도록 계속 연주하고 싶어.

Day 31 직장 생활 Life at Work

A: What time do you usually get to work?	A: 보통 회사에 몇 시에 도착해?
B: I usually get to the office around 9 a.m.	B: 나는 보통 아침 9시쯤에 사무실에 도착해.
A: What do you do when you arrive?	A: 도착하면 뭐 해?
B: I check if there are any urgent emails.	B: 긴급한 이메일이 있는지 확인해.
A: Is working difficult?	A: 일하는 거 힘들진 않아?
B: In the afternoon, meetings often make the day feel longer. Still, I try to enjoy my work.	B: 오후에는 회의로 인해 종종 하루가 더 길게 느껴지기도 해. 그래도 난 내 일을 즐기려고 노력해.

Day 32 워라밸 Work-Life Balance

A: Do you care about work-life balance?	A: 워라밸을 중시하는 편이야?
B: Yes. I care a lot about work-life balance and don't set extreme goals.	B: 응. 워라밸을 아주 중요하게 생각하고 지나치게 큰 목표는 세우지 않아.
A: So, do you work late?	A: 그럼 야근 해?
B: I don't stay late at the office.	B: 나는 회사에 늦게까지 남아 있지 않아.
A: How do you spend your evenings?	A: 저녁은 어떻게 보내?
B: I go home early to spend time with my family or enjoy my hobbies.	B: 나는 일찍 집에 가서 가족과 시간을 보내거나 취미를 즐겨.

Day 33 출퇴근 Commuting

A: How long does it take to get to work?
B: It takes me about thirty minutes.
A: Do you take the subway straight without transfers?
B: I transfer once on the subway.
A: Is commuting hard for you?
B: Commuting is stressful, but I have to accept it to earn money.

A: 회사까지 얼마나 걸려?
B: 약 30분쯤 걸려.
A: 지하철로 환승 없이 한 번에 가?
B: 지하철을 한 번 갈아타야 해.
A: 출퇴근할 때 힘들진 않아?
B: 출퇴근은 스트레스를 받지만 돈을 벌려면 감수해야 해.

Day 34 직장 고민 Workplace Dilemma

A: Do you have any problems at work?
B: Sometimes I face dilemmas at work, which make me wonder if I'm in the right place.
A: What kind of problem exactly?
B: I get tasks which don't really match my skills or interests.
A: Is it tough?
B: When my work-life balance collapses, I even think about quitting.

A: 직장 생활 고민 있어?
B: 가끔 직장에서 딜레마에 빠지는데, 내가 여기 있는 게 맞는지 고민하게 만들어.
A: 정확히 어떤 문제야?
B: 내 적성이나 관심사와 전혀 맞지 않는 일을 맡게 돼.
A: 많이 힘들어?
B: 워라밸이 무너질 땐 회사를 그만두고 싶다는 생각도 해.

Day 35 이직 준비 Job Transition

A: Have you ever thought about changing jobs?
B: Yes, I think about what I can get if I move to another job.
A: Aren't you afraid?
B: Starting a new job at my age feels scary.
A: How are you preparing for it?
B: I study English whenever I can and plan to take tests.

A: 이직에 대한 생각해 본 적 있어?
B: 응, 이직을 하면 내가 얻을 수 있는 게 뭔지 자주 생각해.
A: 두렵진 않아?
B: 내 나이에 새로운 일을 시작하는 건 무서워.
A: 어떤 식으로 준비하고 있어?
B: 나는 시간 날 때마다 영어 공부를 하고 시험도 보려고 해.

Day 36 시간 관리 Time Management

A: Do you have your own time management habits?
B: I keep my own morning and evening routines.
A: Tell me more.
B: Morning is the time when I usually plan my day.
A: How about evening?
B: Evening is the time when I review my day.

A: 너만의 시간 관리 습관이 있어?
B: 나는 나만의 아침과 저녁 루틴을 지켜.
A: 더 자세히 말해 줘.
B: 아침은 보통 내가 하루 계획을 세우는 시간이야.
A: 저녁은?
B: 저녁은 내가 하루를 돌아보는 시간이야.

Day 37 창업 아이디어 Business Ideas

A: These days, many people start businesses using social media.
B: Yeah, that's the reason why I also want to give it a try.
A: How are you going to start?
B: I've heard that Smart Store is how people can easily open their own shops.
A: It sounds like a simple way to test a new idea.
B: Yes! Someday, I'd like to run my own business and see how far it can go.

A: 요즘은 많은 사람들이 소셜 미디어를 이용해서 사업을 시작해.
B: 맞아. 그래서 나도 도전해 보고 싶어.
A: 어떻게 시작하려고?
B: 스마트 스토어가 사람들이 쉽게 자기 가게를 열 수 있는 방법이라고 들었어.
A: 새로운 아이디어를 시험할 수 있는 간단한 방법처럼 들려.
B: 맞아! 언젠가는 나만의 사업을 하고 얼마나 성장할 수 있을지 경험해 보고 싶어.

Day 38 자기 계발 Self-Improvement

A: Do you like self-improvement?
B: I'm really into self-improvement.
A: What kind of self-improvement do you do?
B: I believe the big three in self-improvement are 'reading, working out, and learning English.'
A: When do you read books?
B: I often read on Millie's Library before I go to sleep.

A: 자기 계발 좋아해?
B: 난 자기 계발에 정말 푹 빠져 있어.
A: 어떤 종류의 자기 계발을 해?
B: 자기 계발의 3대장은 '독서, 운동, 영어'라고 믿고 있어.
A: 책은 언제 읽어?
B: 자기 전에 밀리의 서재에서 책을 자주 읽어.

Day 39 외국어 공부 Language Learning

A: Have you ever studied English?
B: I had studied English since I was young, but I wasn't good at speaking.
A: How did you become good at speaking English?
B: When I became an adult, I changed my study methods.
A: How do you study now?
B: Now I can speak more easily with YouTube and AI.

A: 영어 공부를 해 본 적 있어?
B: 나는 어릴 때부터 영어를 공부했지만 말하기는 잘 못했어.
A: 어떻게 영어 말하기를 잘하게 됐어?
B: 성인이 되었을 때 공부 방법을 바꿨어.
A: 지금은 어떻게 공부해?
B: 지금은 유튜브와 AI 덕분에 훨씬 더 쉽게 말할 수 있어.

Day 40 고학력 도전 Academic Goals

A: Have you ever thought about going to grad school?
B: When I was in college, studying was so hard that I never wanted to go to grad school.
A: Then, what about now?
B: Now, I wish I could be a student again.
A: In your country or abroad?
B: I want to study abroad for a master's degree.

A: 대학원 진학에 대해 생각해 본 적 있어?
B: 대학생 때 공부가 너무 힘들어서 대학원에 가고 싶지 않았어.
A: 그럼 지금은?
B: 지금은 학생으로 다시 돌아가고 싶어.
A: 국내에서, 아니면 해외에서?
B: 해외에서 석사 과정을 하고 싶어.

Day 41 건강 관리 팁 Health Tips

A: Were you interested in health?
B: I wasn't into health when I was younger.
A: What about now?
B: Since I turned thirty and started having trouble with digestion, I began paying more attention.
A: Did you change any habits for your health?
B: I used to drink coffee every day, but I stopped. Now, I enjoy drinking healthy herbal tea instead.

A: 건강에 관심 많은 편이었어?
B: 나는 어릴 때는 건강에 관심이 없었어.
A: 지금은?
B: 서른이 되고 소화가 잘 안 된다고 느낀 이후에는 더 신경 쓰기 시작했어.
A: 건강을 위해 바꾼 습관 같은 거 있어?
B: 매일 커피를 마셨는데, 끊었어. 대신 이제는 몸에 좋은 허브차를 즐겨 마셔.

Day 42 규칙적인 운동 Regular Exercise

A: Do you exercise often?
B: Although I'm busy and don't have much time, I try to exercise regularly.
A: What kind of exercise have you tried?
B: I've tried many things like going to the gym, doing Pilates, and swimming.
A: Is exercising hard for you?
B: Even though sometimes I struggle with sore muscles, I always feel refreshed after a workout.

A: 운동 자주 해?
B: 난 비록 바쁘고 시간이 많지 않지만, 운동은 규칙적으로 하려고 해.
A: 어떤 운동 해 봤어?
B: 헬스, 필라테스, 수영 등 여러 가지를 해 봤어.
A: 운동하는 거 힘들진 않아?
B: 비록 근육통으로 힘들 때도 있지만, 운동을 하고 나면 항상 상쾌해져.

Day 43 기분과 감정 Mood and Emotions

A: Do you usually show your feelings, or keep them inside?
B: I often thought I should hide my feelings, though it wasn't always good for me.
A: How about now?
B: I realize my own mood is important too. I try to put it first as long as it doesn't cause big problems.
A: Does that work well?
B: It's not always easy, though.

A: 감정을 표현하는 편이야, 숨기는 편이야?
B: 나는 종종 내 감정을 숨겨야 한다고 생각했지만 그게 항상 좋은 건 아니었지.
A: 지금은 어때?
B: 지금은 내 기분도 중요하다는 걸 깨달았어. 큰 문제가 되지 않는 한, 내 기분을 우선시하려고 해.
A: 그렇게 하는 거 잘 돼?
B: 항상 쉬운 건 아니지만 말이야.

Day 44 스트레스 해소 Stress Relief

A: What do you do when you feel stressed?
B: I try to relax and breathe deeply.
A: What else do you do?
B: Sometimes I meditate, because it helps me unwind.
A: Any other tips?
B: I also take a break with some calm music, and it really helps me clear my mind.

A: 스트레스 받으면 어떻게 해?
B: 나는 긴장을 풀고 심호흡을 하려고 해.
A: 또 어떤 거 해?
B: 가끔은 명상도 하는데, 명상은 긴장을 푸는 데 도움이 돼.
A: 다른 팁 있어?
B: 또 차분한 음악을 들으면서 휴식을 취하기도 하는데, 그러면 머리가 맑아져.

Day 45 다이어트 목표 Diet Goals

A: Have you ever tried dieting?
B: I always say I'll start my diet tomorrow, but it's not easy.
A: Why do you think it's hard?
B: I could lose weight as long as there were no company dinners.
A: What can you do to make it better?
B: I need to stop eating late-night snacks while looking at my phone.

A: 다이어트 해 본 적 있어?
B: 나는 항상 내일부터 다이어트를 시작한다고 말하지만, 쉽지 않아.
A: 뭐 때문에 잘 안 되는 것 같아?
B: 회식만 없었다면 살도 쉽게 빠졌겠지.
A: 그래도 어떤 걸 실천하면 더 좋을까?
B: 휴대폰을 보면서 야식 먹는 습관부터 고쳐야겠어.

Day 46 영양제 섭취 Taking Supplements

A: Do you take any supplements?
B: Yes. Every morning I take about five supplements.
A: Which ones do you take?
B: I take a multivitamin as a basic, plus extra vitamin C. I also take omega-3 and magnesium for my brain and muscles.
A: Anything else?
B: I don't skip collagen and probiotics for my skin and gut.

A: 영양제를 챙겨 먹어?
B: 응. 나는 아침마다 영양제를 5개 정도 챙겨 먹어.
A: 어떤 영양제를 먹어?
B: 기본으로 종합 비타민을 먹고, 비타민 C도 하나 더 먹어. 또 두뇌와 근육을 위해 오메가3와 마그네슘을 챙기지.
A: 또?
B: 피부와 장을 위해 콜라겐과 유산균도 빼먹지 않아.

Day 47 충분한 휴식 Getting Enough Rest

A: Do you get enough rest?
B: Yes. Unless I take enough rest, I'll soon lose the will to do anything.
A: Some people skip rest to succeed, though.
B: Unless I take care of my health with proper rest, what's the point of success anyway?
A: Why do you think so?
B: In the end, real success means staying healthy and happy.

A: 휴식을 충분히 취하는 편이야?
B: 응. 만약 충분한 휴식을 취하지 않으면, 곧 아무것도 하고 싶지 않을 거야.
A: 성공을 위해 쉬는 걸 포기하는 경우도 있잖아.
B: 만약 적절한 휴식과 함께 건강을 챙기지 않는다면, 성공한다 한들 무슨 소용이 있겠어?
A: 왜 그렇게 생각해?
B: 결국 진짜 성공은 건강하고 행복하게 지내는 거야.

Day 48 숙면 취하기 Quality Sleep

A: Do you sleep well at night?
B: I feel like it's been forever since I had a good night's sleep.
A: Why do you think you can't sleep well?
B: I stay up late on my phone, and I never feel refreshed in the morning.
A: What can you do about it?
B: First I should stop using my phone before bed.

A: 밤에 잘 자는 편이야?
B: 푹 잘 잔 게 정말 오래된 것 같아.
A: 왜 잘 못 자는 것 같아?
B: 나는 핸드폰을 보다가 늦게 자고, 아침엔 전혀 상쾌하지 않아.
A: 어떻게 하려고 해?
B: 일단은 자기 전에 핸드폰 보는 것부터 끊어야겠어.

Day 49 건강 검진 Health Check-ups

A: Do you get a health check-up?
B: Yes. I get my national health check-ups whenever it's my turn.
A: What about this year?
B: My check-up for this year is coming up, and I really hope everything shows I'm healthy.
A: Do you wish for anything about your health?
B: I wish I could stay healthy all my life without any major illness like cancer or diabetes.

A: 건강검진을 받아?
B: 응. 나는 국가 건강검진 차례가 될 때마다 검진을 받아.
A: 올해는?
B: 올해 검진도 앞두고 있는데, 모두 건강하다고 나오길 정말 바라.
A: 건강에 관해 바라는 거 있어?
B: 평생 암이나 당뇨병 같은 큰 병에 걸리지 않고 건강하게 살면 좋겠어.

Day 50 가족의 건강 Family Health

A: Do you also take care of your family's health?
B: Yes. Even if I make a lot of money, nothing feels good when my family is sick.
A: That's true.
B: It feels like I'm sick too.
A: I think health is the most important.
B: Yeah. I just hope my family stays healthy, even if it costs a lot.

A: 가족들 건강도 챙기는 편이야?
B: 응. 아무리 돈을 많이 벌어도 가족이 아프면 전혀 기분이 좋지 않아.
A: 맞아.
B: 나까지 아픈 것 같아
A: 건강이 제일 중요한 것 같아.
B: 맞아. 큰돈이 들더라도 가족이 건강하길 바랄 뿐이야.

Day 51 연애와 결혼 Dating and Marriage

A: How are dating trends in Korea?
B: These days, people don't always want to date like before.
A: What about marriage?
B: Most people don't decide to get married by a certain age either.
A: What do you think?
B: Still, I think we all need to love someone.

A: 한국의 연애 트렌드는 어때?
B: 요즘은 예전처럼 사람들이 꼭 연애를 하고 싶어 하지 않아.
A: 결혼에 관해서는?
B: 특정 나이까지 꼭 결혼하겠다고 결심하는 사람도 거의 없지.
A: 넌 어떻게 생각해?
B: 그래도 우리 모두 사랑은 필요하다고 생각해.

Day 52 아이와 육아 Parenting and Kids

A: How is the birth rate in Korea?
B: In Korea, the birth rate is really low, and some people don't want to have kids.
A: Why is that?
B: Parenting isn't easy because it takes a lot of sacrifice and money.
A: What do you think?
B: I want people to know that raising a child is a blessing.

A: 한국의 출산율은 어때?
B: 한국은 출산율이 정말 낮고, 아이를 낳고 싶어 하지 않는 사람들도 있어.
A: 왜 그런 걸까?
B: 육아는 많은 희생과 돈이 들어서 쉽지 않아.
A: 넌 어떻게 생각해?
B: 아이를 키우는 건 축복이라는 걸 사람들이 알았으면 해.

Day 53 친구와의 추억 Memories with Friends

A: Did you have many friends when you were in school?
B: Yes. When I was in school, I had friends who made me laugh every single day.
A: What are you thankful for about those friends?
B: They made me forget about stress and just enjoy the moment.
A: What did you usually do with your friends?
B: We encouraged each other to try new things, like singing at karaoke or going on small trips.

A: 학창 시절에 친구들 많았어?
B: 응. 학교 다닐 때는 매일 나를 웃게 해 주는 친구들이 있었어.
A: 그 친구들에게 고마운 점은 뭐야?
B: 그 친구들 덕분에 스트레스를 잊고 그 순간을 즐길 수 있었지.
A: 친구들과 어떤 거 하며 지냈어?
B: 우리는 노래방에서 노래를 부르거나 작은 여행을 가는 등 서로 새로운 것들을 해 보도록 권했어.

Day 54 부모님 건강 Parents' Health

A: Are your parents healthy?
B: These days, people around me worry more about their parents' health, and so do I.
A: Do you worry a lot?
B: Yes. When I'm busy with work, it's not easy to take care of them, and that makes me sad.
A: What do you usually do for them?
B: I try to help them stay healthy and go for check-ups.

A: 부모님은 건강하셔?
B: 요즘 내 주변 사람들은 부모님의 건강을 더 걱정하고, 나도 그래.
A: 걱정 많이 돼?
B: 응. 일이 바쁠 땐 부모님을 돌보는 게 쉽지 않아서 마음이 아파.
A: 부모님을 위해 보통 무엇을 해?
B: 부모님이 건강을 유지하시도록 돕고 정기검진도 받게 하려고 해.

Day 55 형제자매 근황 Sibling Updates

A: Do you get along well with your siblings?
B: Yes. My siblings and I are all busy, but we still get together sometimes to catch up.
A: What do you like to do together?
B: We love chatting while eating something delicious.
A: What else?
B: We also like peeling tangerines and sitting side by side to watch TV.

A: 형제자매들과 잘 지내는 편이야?
B: 응. 우리 형제자매들은 바쁘지만 그래도 가끔은 모여서 서로의 근황을 나눠.
A: 함께 뭐 하는 거 좋아해?
B: 함께 맛있는 걸 먹으면서 수다 떠는 걸 좋아해.
A: 또?
B: 또 귤을 까서 먹으면서 나란히 앉아 TV 보는 것도 좋아하지.

Day 56 친척 모임 Relatives Gathering

A: What do you usually do at family gatherings?
B: We enjoy sharing old stories and laughing together.
A: How is it these days?
B: These days, some relatives keep asking about jobs or marriage, and people don't like hearing those questions.
A: How do you feel when that happens?
B: The mood gets a bit awkward when that happens, even after we finish eating.

A: 보통 친척들과 만나면 뭐 해?
B: 우리는 옛날 얘기를 나누고 함께 웃는 걸 즐겨.
A: 요즘에는 어때?
B: 요즘은 어떤 친척들은 계속 취업이나 결혼 얘기를 꺼내서, 사람들이 그런 질문을 듣는 걸 좋아하지 않아.
A: 그럴 땐 어때?
B: 그런 얘기가 나오면 식사를 마친 뒤에도 분위기가 조금 어색해져.

Day 57 나의 오랜 친구들 My Oldest Friends

A: Who are your oldest friends?
B: They are from high school.
A: How did you become close?
B: We were in the same class, and we started hanging out almost every day.
A: Do you still see each other often these days?
B: We don't meet often now, but maybe we'll meet more often later.

A: 가장 오래된 친구들이 누구야?
B: 고등학교 친구들이야.
A: 어떻게 친해졌어?
B: 우리는 같은 반이었고, 거의 매일 함께 어울리기 시작했어.
A: 요즘에도 자주 만나?
B: 지금은 자주 만나지 못하지만, 나중엔 더 자주 만날 수 있을 거야.

Day 58 성격 유형 Personality Types

A: What do people like these days?
B: These days, people try to guess each other's personality with MBTI.
A: Was it the same in the past?
B: I remember talking about blood types before, but MBTI feels more detailed, so people talk about it a lot.
A: Does it help you understand people?
B: Just the difference between T and F helps me understand people better.

A: 요즘 사람들은 뭘 좋아하는 것 같아?
B: 요즘은 사람들의 성격을 MBTI로 짐작하려고 해.
A: 예전에도 그랬나?
B: 예전에는 혈액형 얘기를 했지만, MBTI는 더 자세해서 사람들이 자주 얘기해.
A: 그게 사람을 파악하는 데 도움이 돼?
B: T와 F의 차이점만으로도 사람을 더 잘 이해하는 데 도움이 돼.

Day 59 갈등 해결 방법 Conflict Resolution

A: How do you deal with conflicts?
B: I try to stay calm and listen first.
A: Why do you think conflicts keep happening between people?
B: I often see people arguing without really listening, and it only makes things worse.
A: What's important to you then?
B: For me, it's all about respecting differences and finding something we can both agree on.

A: 갈등이 생길 때 어떻게 해결해?
B: 나는 침착하게 먼저 들으려고 해.
A: 사람들 사이에 갈등이 자꾸 일어나는 원인이 뭘까?
B: 사람들이 제대로 듣지 않고 말다툼하는 걸 자주 보는데, 그건 상황을 더 악화시켜.
A: 넌 그럴 때 뭐가 중요한 것 같아?
B: 나에게 중요한 건 차이를 존중하고 서로 동의할 수 있는 걸 찾는 거야.

Day 60 인간관계 피로 Relationship Burnout

A: It's not easy to get along with people, is it?
B: Yes. Burnout comes quickly when I try too hard to please everyone.
A: What do you do when it gets tough?
B: I want to avoid people, but later I get lonely and look for them again.
A: Then what's the right thing to do?
B: I guess there's no right answer in relationships.

A: 인간관계가 힘들 때가 많지?
B: 응. 사람들한테 너무 맞추다 보면 금방 번아웃이 와.
A: 힘들 땐 어떻게 해?
B: 사람들을 피하고 싶어지는데 나중엔 외로워서 다시 찾게 돼.
A: 그럼 어떻게 하는 게 맞을까?
B: 인간관계에는 정답이 없는 것 같아.

Day 61 뷰티 트렌드 Beauty Trends

A: What are beauty trends like in Korea?
B: In Korea, many beauty trends focus on looking natural.
A: Can you explain more?
B: People use makeup to highlight their natural skin instead of covering it completely.
A: Do you like it too?
B: Yes. I also like Korean beauty trends, so I try to follow it too.

A: 한국의 뷰티 트렌드는 어때?
B: 한국에서는 많은 뷰티 트렌드가 자연스러워 보이는 것에 집중해.
A: 구체적으로는?
B: 사람들은 피부를 완전히 커버하기보다는 자연스러운 피부를 돋보이게 하기 위해 화장을 해.
A: 너도 좋아해?
B: 응. 나도 한국의 뷰티 트렌드가 좋아서 그렇게 따라 하려고 해.

Day 62 배달 문화 Delivery Culture

A: What's special about Korea?
B: In Korea, the delivery culture is really strong.
A: What do you mean by the delivery culture?
B: People order food on their phones, waiting at home while watching TV or checking social media.
A: That sounds convenient!
B: Yes! Even daily items can be delivered by the next morning.

A: 한국의 특별한 점이 뭐야?
B: 한국에서는 배달 문화가 정말 강해.
A: 배달 문화가 정확히 뭐야?
B: 사람들은 휴대폰으로 음식을 주문하고, 집에서 TV를 보거나 SNS를 확인하면서 기다리지.
A: 편하겠네!
B: 맞아! 생활용품조차 다음 날 아침까지 배송돼.

Day 63 스마트폰 Smartphones

A: Do you use your smartphone a lot?
B: Yeah, from communication to shopping.
A: Don't you think you use it too much?
B: Sometimes I feel smartphones are overused, but it's hard to live without them now.
A: A lot of people get addicted to them these days.
B: I also feel nervous when I don't have my phone.

A: 스마트폰을 많이 써?
B: 응, 의사소통부터 쇼핑에 이르기까지 다 가능해.
A: 너무 많이 쓰진 않고?
B: 가끔은 스마트폰이 과하게 사용된다고 느끼지만, 이제는 스마트폰 없이는 살기 힘들어.
A: 요즘은 중독되는 경우도 많더라.
B: 나도 스마트폰이 없으면 불안해.

Day 64 콘텐츠 시청 Viewing Content

A: What do you do in your free time?
B: I watch a lot of content online.
A: What kind of channels do you like?
B: I'm really interested in educational content, like English or science channels.
A: Are they fun?
B: Yeah, these days, I make my free time fun by watching videos made by people from all over the world.

A: 쉴 때 뭐 해?
B: 나는 온라인에서 콘텐츠를 많이 봐.
A: 어떤 분야 채널을 좋아해?
B: 영어나 과학 채널 같은 교육 콘텐츠에 정말 흥미가 있어.
A: 재미있어?
B: 응, 요즘 나는 세상 사람들이 만든 영상들을 보면서 내 자유 시간을 즐겁게 보내.

Day 65 소셜 미디어 Social Media

A: Do you use social media?
B: Of course. Everyone has a social media account these days.
A: Is it hard to use?
B: It's easy to post a picture or share a short video.
A: What is good and bad about social media?
B: Social media is used to express oneself, but some people get too addicted.

A: 소셜 미디어 해?
B: 물론이지. 요즘은 누구나 소셜 미디어 계정 하나씩은 가지고 있어.
A: 어렵진 않아?
B: 사진 하나를 올리거나 짧은 영상을 공유하는 건 아주 쉬워.
A: 소셜 미디어의 장단점이 뭐라고 생각해?
B: 소셜 미디어를 통해 자신을 표현하기도 하지만, 어떤 사람들은 지나치게 중독돼.

Day 66 케이팝 K-pop

A: Can you tell me about K-pop?
B: K-pop has many famous groups that people all over the world follow. Fans buy albums, watch music videos, and join online communities.
A: What do you think makes K-pop special?
B: The catchy songs and powerful performances make K-pop really special.
A: Do you like it too?
B: Yes. I also feel proud when K-pop groups are loved worldwide.

A: 케이팝에 대해 설명해 줄래?
B: 케이팝에는 전 세계 사람들이 따르는 유명한 그룹들이 많아. 팬들은 앨범을 사고, 뮤직비디오를 보고, 온라인 커뮤니티에 참여하지.
A: 케이팝의 특별함이 뭐라고 생각해?
B: 중독성 있는 노래와 파워풀한 공연이 케이팝을 정말 특별하게 만들어.
A: 너도 좋아해?
B: 응. 케이팝 그룹이 전 세계적으로 사랑받을 때 나도 함께 자랑스러워.

Day 67 한국 드라마 K-drama

A: Can you recommend a fun Korean drama?
B: The K-drama *Squid Game* was number one on Netflix around the world.
A: Have you liked dramas for a long time?
B: When I was young, I liked watching the dramas with my parents in the living room.
A: Why did you like them?
B: The visual effects and thrilling plots made me want to watch the next episode right away.

A: 재미있는 한국 드라마 소개해 줄래?
B: 한국 드라마 '오징어 게임'이 전 세계 넷플릭스 1위를 했어.
A: 전부터 드라마를 좋아했어?
B: 어릴 때 나는 부모님과 거실에서 드라마 보는 걸 좋아했어.
A: 왜 좋아했어?
B: 화려한 시각 효과와 흥미진진한 전개는 바로 다음 편을 보고 싶게 만들었어.

Day 68 한국 음식 K-food

A: Korean food is getting popular all over the world.
B: Yeah. Now even international fans know names like gimbap, bingsu, and kimchi.
A: How do you feel about that?
B: I'm happy to see this global interest in Korean food.
A: Are you proud?
B: Yes. The worldwide love for K-food makes me really proud.

A: 한국 음식이 전 세계적으로 점점 인기를 얻고 있어.
B: 맞아. 이제는 외국인들도 김밥, 빙수, 김치 같은 이름을 알아.
A: 그런 거 보면 기분이 어때?
B: 한국 음식에 대한 이런 세계적인 관심을 보면 기뻐.
A: 진짜 자랑스럽지?
B: 응. 한국 음식이 전 세계적으로 사랑받는 걸 보면 정말 자랑스러워.

Day 69 라이프 스타일 Lifestyle

A: What kind of lifestyle do you like?	A: 어떤 라이프 스타일을 추구해?
B: I try to live a simple, minimal, and healthy lifestyle.	B: 나는 단순하고 미니멀하며 건강한 라이프 스타일을 살려고 해.
A: Why?	A: 이유는 뭐야?
B: I believe this lifestyle gives me more peace than a busy one.	B: 그런 라이프 스타일이 바쁜 삶보다 더 평화를 준다고 믿어.
A: Are you keeping it well?	A: 잘 지켜지고 있어?
B: Sometimes I look back and realize I still have too much.	B: 가끔은 돌아보면 내가 아직도 너무 많은 걸 가지고 있다는 걸 깨달아.

Day 70 소비 성향 Spending Habits

A: How are your spending habits these days?	A: 요즘 소비 성향은 어때?
B: I often bought things without thinking, but now I stop and think first.	B: 생각 없이 물건을 자주 샀는데, 이제는 먼저 멈추고 생각해.
A: How was it before?	A: 예전엔 어땠는데?
B: I used to spend freely, thinking 'You only live once,' but with rising prices, I try to save more.	B: 인생은 한 번뿐이라는 생각에 막 쓰기도 했지만, 물가가 오를수록 더 아끼려고 해.
A: What about the people around you?	A: 주변 사람들은 어때?
B: These days, my friends and family also try to buy only what they really need.	B: 요즘 내 친구와 우리 가족도 정말 꼭 필요한 것만 사려고 해.

Day 71 행복 Happiness

A: People work hard to be happy.	A: 사람들은 행복해지려고 열심히 일해.
B: Yeah, everyone tries to say what happiness means.	B: 맞아, 모두가 행복이 무엇을 의미하는지 정의하려 하지.
A: What do you think happiness is?	A: 행복이 뭐라고 생각해?
B: I once thought winning and doing better than others was happiness. Now I feel happy in some simple moments with family and friends.	B: 나는 한때 승리와 다른 사람들보다 더 잘하는 것이 행복이라고 생각했어. 하지만 지금은 가족과 친구들과 보내는 단순한 시간들 속에서 행복을 느껴.
A: Even without success?	A: 성공과 무관하게?
B: I don't need any big success to be happy. For me, happiness is time spent with the people I love.	B: 행복하기 위해서 큰 성공이 꼭 필요하지 않아. 나에게 행복은 내가 사랑하는 사람들과 함께하는 시간이야.

Day 72 성공의 기준 The Standard of Success

A: What is the standard of success?	A: 성공의 기준이 뭘까?
B: Some say it's money, and others say it's fame.	B: 어떤 사람은 돈이라고 하고, 어떤 사람은 명성이라고 해.
A: What do you think?	A: 넌 뭐라고 생각해?
B: For me, health is the first step to real success.	B: 나에게 건강은 진짜 성공으로 가는 첫걸음이거든.
A: Why do you think so?	A: 왜 그렇게 생각하는데?
B: All of us feel proud as we grow each day in a healthy way.	B: 우리 모두 건강하게 하루하루 성장해 나갈 때 자부심을 느끼잖아.

Day 73 돈과 삶의 관계 Money and Life

A: In many countries, people say family is the most important thing.
B: But most Koreans think money is the most important.
A: Why is that?
B: With enough money, most of us can live in the house we want and do the work we like.
A: Still, some very rich people are unhappy.
B: So I don't really know the exact link between money and life.

A: 많은 나라에서는 사람들이 가족이 가장 중요하다고 말해.
B: 하지만 대부분의 한국인들은 돈이 가장 중요하다고 생각해.
A: 왜 그럴까?
B: 돈이 충분하면 대부분 원하는 집에서 살며 좋아하는 일을 할 수 있어.
A: 그래도 부자인 사람들 중에도 불행한 사람이 있어.
B: 그래서 난 돈과 삶의 정확한 상관관계를 잘 모르겠어.

Day 74 삶의 우선순위 Life Priorities

A: What's your priority in life?
B: I used to put work and money first, then family, and myself last.
A: Why?
B: I thought if I made money quickly, both my family and I would be happy.
A: How about now?
B: As I get older, working too hard isn't easy anymore. I don't want to push myself too much now.

A: 네 삶의 우선순위가 뭐야?
B: 나는 예전엔 삶의 우선순위를 일과 돈벌이에 두고, 그다음은 가족, 마지막은 나 자신으로 뒀어.
A: 왜?
B: 돈을 빨리 벌면 나와 가족 모두 행복해질 거라 생각했지.
A: 지금은 어때?
B: 나이가 들수록 너무 열심히 일하는 게 더는 쉽지 않아. 이제는 나 자신을 너무 몰아붙이고 싶지 않아.

Day 75 자존감 Self-Esteem

A: At some point, the word 'self-esteem' became very popular.
B: Yeah, people say it's different from 'confidence' and 'pride.'
A: How is it different?
B: Confidence is about skills, pride is about status, and self-esteem is about self-worth.
A: Can you explain a bit more?
B: Even if we fail, none of us should think we are worthless.

A: 어느 순간부터 '자존감'이라는 단어가 매우 유명해졌어.
B: 맞아, 사람들은 그게 '자신감'이나 '자존심'과는 다르다고 말하지.
A: 어떻게 다르지?
B: 자신감은 능력에 관한 것이고, 자존심은 지위에 관한 것이며, 자존감은 자기 존재 가치에 관한 거야.
A: 좀 더 설명해 줄 수 있어?
B: 우리가 실패하더라도 누구도 스스로를 가치가 없다고 생각해선 안 돼.

Day 76 경쟁과 협력 Competition and Cooperation

A: In Korea, competition is very strong in schools and workplaces.
B: Yeah, a few people succeed, but many feel left behind.
A: We can grow fast through competition.
B: I think society needs more chances to cooperate, not just compete.
A: With more cooperation, life can be less stressful and more fair.
B: That's the change I hope to see.

A: 한국은 학교와 직장에서 경쟁이 아주 치열해.
B: 맞아, 몇몇 사람은 잘 나가지만, 많은 사람들은 뒤처진다고 느껴.
A: 경쟁을 통해 빠르게 성장할 수 있긴 해.
B: 나는 사회가 경쟁이 아니라 협력할 수 있는 기회가 더 필요하다고 생각해.
A: 협력이 많아지면 삶이 덜 힘들고 더 공평해질 수 있지.
B: 그게 내가 바라는 변화야.

Day 77 도전과 실패 Challenges and Failures

A: Is there anything you want to try these days?
B: I want to quit my job and try YouTube or start a business, but I'm a little scared of failing.
A: Have you read any books about that?
B: Yeah. I read a book by a billionaire who had failed at every challenge. But on his last try, he finally succeeded and became rich.
A: Did the book help you?
B: Yes. That story taught me it's important to keep trying.

A: 요즘 도전해 보고 싶은 거 있어?
B: 나는 회사를 그만두고 유튜브나 창업에 도전해 보고 싶지만, 실패할까 봐 조금 두려워.
A: 관련 책을 읽어 본 적 있어?
B: 응. 수많은 도전에도 실패를 한 어느 억만장자의 책을 읽었어. 그 사람은 마지막 도전에서 마침내 성공했고 부자가 되었지.
A: 그 책이 도움이 되었어?
B: 응. 그 이야기를 통해 계속 도전하는 것이 중요하다는 걸 배웠어.

Day 78 이상과 현실 Ideals and Reality

A: Many people want a job with good pay and lots of free time.
B: Yeah, but in reality, many workers stay late at the office.
A: What do you usually do after work?
B: I want to study or exercise, but usually just go to bed.
A: How can you enjoy life more in reality?
B: I try to enjoy small things, like having fancy brunch with friends or taking a short trip with family.

A: 많은 사람들이 많은 월급을 주고 여유로운 시간을 가진 직업을 원해.
B: 맞아, 하지만 현실에서는 많은 직장인들이 회사에서 늦게까지 일하지.
A: 퇴근 후에는 뭐 하는 편이야?
B: 공부를 하거나 운동을 하고 싶어 하지만, 보통은 그냥 잠자리에 들어.
A: 어떻게 하면 현실을 더 즐길 수 있을까?
B: 나는 친구들과 근사한 브런치를 먹거나 가족과 짧은 여행을 가는 작은 순간들을 즐기려고 해.

Day 79 성장과 안주 Growth and Comfort

A: Should we keep working hard to grow, or just enjoy a comfortable life?
B: A lot of books say we need to get out of our comfort zone. But I can't work hard all the time.
A: So which one is better?
B: Comfort gives me time to rest, and growth helps me move forward.
A: What do you think is right?
B: In the long run, it's good to grow, but it's also good to rest.

A: 계속 성장하기 위해 열심히 노력해야 할까, 아니면 그냥 편안하게 살아도 될까?
B: 많은 책에서는 안주하는 곳에서 벗어나야 한다고 해. 하지만 항상 열심히만 할 수는 없지.
A: 그럼 어느 쪽이 옳은 걸까?
B: 안주는 내가 쉴 수 있는 시간을 주고, 성장은 나를 앞으로 나아가게 해.
A: 넌 뭐가 맞는 것 같아?
B: 장기적으로는 성장하는 게 좋지만, 쉬는 것도 좋다고 생각해.

Day 80 인생의 의미 The Meaning of Life

A: 'The meaning of life' sounds big, but I think it's something we should think about from time to time.
B: Yeah, many people say that, at the end of the day, there's no right answer in life, and I agree.
A: We don't need to judge whose life is better or worse.
B: You are right. Good things can turn bad, and bad things can turn good.
A: Then, what do you do when life is tough?
B: In tough times, I just try to stay positive.

A: '인생의 의미'라는 말은 거창하게 들리지만, 가끔은 우리가 생각해 봐야 할 주제라고 생각해.
B: 맞아, 많은 사람들이 결국 인생에는 정답이 없다고 말하는데, 나도 그 말에 동의해.
A: 누구의 삶이 더 낫고 못하고를 판단할 필요는 없어.
B: 네 말이 맞아. 좋은 일이 나쁜 일이 되기도 하고, 나쁜 일이 좋은 일이 되기도 하니까.
A: 그럼 힘들 땐 어떻게 해?
B: 힘들 때는 나는 그냥 긍정적으로 살려고 해.

Day 81 기술 격차 Digital Divide

A: The digital divide is one of the major issues of our time.

B: Yeah, many people benefit from fast Internet and new devices. But some are left out of the digital world.

A: As the age of AI begins, the gap is growing wider.

B: Now, it's about who can use AI better.

A: How can we make the gap smaller?

B: We need active education on how to use AI well.

A: 기술 격차는 우리 시대의 주요 과제 중 하나야.

B: 맞아. 많은 사람들이 빠른 인터넷과 새로운 기기의 혜택을 누려. 하지만 어떤 사람들은 디지털 세상에서 소외돼.

A: AI 시대가 시작되면서 그 격차는 더 커지고 있어.

B: 이제는 누가 AI를 더 잘 활용하느냐의 문제야.

A: 어떻게 해야 격차를 줄일 수 있을까?

B: AI를 잘 활용하는 방법에 대한 활발한 교육이 필요해.

Day 82 가짜 뉴스 Fake News

A: These days, we see a lot of fake news everywhere.

B: Yeah, with AI, it has become easy to create photos or videos that look real.

A: For quite a long time, it has been getting harder to tell what's true and what's false.

B: During big events, fake news spreads even faster and confuses people.

A: How can we fix this?

B: That's why we need clear judgment to see what is real.

A: 요즘은 어디에서나 가짜 뉴스를 많이 보게 돼.

B: 맞아. AI로 사진이나 영상을 진짜처럼 쉽게 만들 수 있게 되었어.

A: 꽤 오랫동안 무엇이 진짜이고 가짜인지 구분하는 게 점점 더 어려워지고 있어.

B: 큰 사건이 있을 때는 가짜 뉴스가 더 빨리 퍼지고 사람들을 혼란스럽게 해.

A: 어떻게 해결할 수 있을까?

B: 그래서 우리는 무엇이 진짜인지 판단하는 능력이 필요해.

Day 83 정치에 대한 관심 Interest in Politics

A: Across many countries, people say we need good politics to protect democracy.

B: We also need enough interest in politics to exercise our rights well.

A: Do you care a lot about politics?

B: Yeah, but when I'm busy with work, I don't always follow what's going on around me.

A: That's understandable.

B: Sometimes my own life feels more important than the country, but I still try to care a little about politics.

A: 많은 나라에서 민주주의를 지키기 위해 훌륭한 정치가 필요하다고 말해.

B: 또 우리의 권리를 잘 행사하려면 정치에 대한 충분한 관심이 필요하지.

A: 정치에는 관심 많은 편이야?

B: 응, 하지만 내가 일로 바쁠 때는 주변에서 무슨 일이 일어나는지 항상 신경 쓰진 못해.

A: 그럴 수 있지.

B: 가끔은 나라보다 내 삶이 더 중요하게 느껴지지만, 그래도 정치에 조금은 관심을 가지려고 해.

Day 84 물가 상승 Rising Costs

A: Prices always go up over time, but sometimes slowly and sometimes very fast.

B: Yeah, when prices rise slowly, people feel comfortable spending more.

A: What about the opposite?

B: People try to spend less through careful choices.

A: Do spending habits change with prices?

B: Yes. My spending habits also change along with periods of low-inflation and high-inflation.

A: 물가는 시간이 지나면서 항상 오르지만, 어떤 때는 천천히, 또 어떤 때는 아주 빨리 올라.

B: 맞아. 물가가 천천히 오를 때는 사람들은 돈을 더 쓰는 걸 편안하게 느껴.

A: 반대일 때는?

B: 사람들은 신중한 선택을 통해 소비를 줄이려 해.

A: 물가에 따라 소비 패턴이 달라져?

B: 맞아. 나도 저물가 시대와 고물가 시대에 따라서 소비 습관이 달라져.

Day 85 환경 오염 Environmental Pollution

A: The earth is suffering from pollution caused by cars, factories, and waste.
B: Yeah, many rivers and forests are in danger because of human activity.
A: Some people don't see how serious the problem is until it happens to them.
B: By the time we notice, the damage is often too great to repair.
A: So, what should we do?
B: That's why small actions like recycling and saving energy are important.

A: 지구는 자동차, 공장, 쓰레기에서 나오는 오염에 의해 고통받고 있어.
B: 맞아, 많은 강과 숲이 인간의 활동으로 인해 위험에 처해 있지.
A: 일부 사람들은 그 일이 자기에게 닥치기 전까지는 얼마나 심각한지 알지 못해.
B: 우리가 알아차렸을 때는 피해가 너무 커서 회복하기 힘든 경우가 많아.
A: 그럼 어떻게 해야 할까?
B: 그래서 재활용이나 전기 절약 같은 작은 행동이 중요해.

Day 86 타인과의 비교 Me vs. Others

A: In Korea, people care a lot about how others see them.
B: Yeah, before the smartphone era, people mostly compared themselves with others at school or work.
A: How about now?
B: After the rise of social media, comparing yourself to others became a normal part of daily life.
A: Is there any good side to it?
B: It can push me to grow, but it can also be too stressful.

A: 한국에서는 남들이 자기를 어떻게 보는지 신경을 많이 써.
B: 맞아, 스마트폰 시대 이전에는 사람들이 주로 학교나 직장에서 비교했어.
A: 지금은 어떤 거 같아?
B: SNS가 부상한 이후에는 다른 사람과 비교하는 것이 일상 속의 당연한 일이 됐지.
A: 좋은 점도 있어?
B: 그게 나를 성장하도록 밀어줄 수도 있지만, 너무 큰 스트레스가 될 수도 있어.

Day 87 인공지능 시대 Artificial Intelligence

A: How's it living in the age of AI?
B: I've heard about AI since I was little, but I didn't expect it to come this fast.
A: Is that good or bad?
B: Many people worry about losing their jobs. But some say AI makes life easier and faster.
A: There can be problems we never expected.
B: Yeah, but if we keep it under control, AI can really improve our lives.

A: AI 시대에 사는 거 어때?
B: 나는 어렸을 때부터 AI에 대해 들었지만, 이렇게 빨리 올 줄은 예상 못 했어.
A: 좋은 걸까, 나쁜 걸까?
B: 많은 사람들이 일자리를 잃을까 걱정해. 하지만 어떤 사람들은 AI가 삶을 더 쉽고 빠르게 만든다고 해.
A: 우리가 예상하지 못한 문제들이 있을 수 있어.
B: 맞아, 하지만 잘 통제하면 AI는 정말 우리 삶을 개선해 줄 거야.

Day 88 저출산 Low Birth Rate

A: Korea has a serious low birth rate problem, right?
B: Yeah. Korea's birth rate keeps going down every year.
A: What problems will happen in the future?
B: Fewer people will spend money, and growth will slow down.
A: What is the government doing about it?
B: The government provides childcare support, but it's not easy.

A: 한국은 저출산 문제가 심각하지?
B: 맞아. 한국의 출산율은 해마다 계속 떨어지고 있어.
A: 앞으로 어떤 문제가 생길까?
B: 소비하는 사람이 줄어들어 경제 성장도 둔화될 거야.
A: 정부에서는 어떻게 하고 있어?
B: 정부는 육아 지원을 제공하지만, 쉽지 않아.

Day 89 일자리 대체 Job Replacement

A: As technology advances, more jobs are being replaced by machines.
B: Yeah, many workers feel their opportunities are going down.
A: For example, AI can do simple office work or factory jobs.
B: So, we need to keep learning and look forward to the future.
A: Aren't you worried?
B: I'll always stay open to new systems.

A: 기술이 발전함에 따라 더 많은 일자리가 기계로 대체되고 있어.
B: 맞아, 많은 근로자들은 기회가 줄어든다고 느껴.
A: 예를 들어, AI는 단순한 사무나 공장 일을 대신할 수 있잖아.
B: 그래서 우리는 계속 배우며 미래를 바라봐야 해.
A: 넌 불안하지 않아?
B: 나는 늘 새로운 시스템에 열려 있을 거야.

Day 90 100세 시대 Living to 100

A: These days, people often talk about 'the age of 100.'
B: Yeah, as lifespans get longer, many people look so much younger than their age.
A: With better medical care, even sick people can live long now.
B: Now, many people try to stay active and slow aging through exercise, too.
A: How about you?
B: I also want to live a long life and stay healthy and young.

A: 요즘은 '100세 시대'라는 말을 자주 해.
B: 맞아, 수명이 늘어나면서 나이보다 훨씬 젊어 보이는 사람들도 많아.
A: 의학이 발전해서 병든 사람도 이제는 오래 살 수 있어.
B: 이제 많은 사람들이 운동을 하며 활발하게 지내고, 노화도 늦추려 해.
A: 넌 어때?
B: 나도 건강하고 젊은 상태로 아주 오래 살고 싶어.

Day 91 자아 실현 Personal Fulfillment

A: Maslow's theory says that the highest human goal is self-fulfillment.
B: Yeah, just having a job and going to work doesn't feel enough for me.
A: So, what should we do?
B: To reach that level, I need to know what I really want, but I'm not sure yet.
A: It's important to keep finding what you want, right?
B: You're right. Until then, I'll keep trying to find my true self.

A: 매슬로우의 이론에 따르면, 인간의 가장 높은 목표는 자아 실현이래.
B: 맞아, 단순히 직업이 있고 회사를 다니는 것만으로는 나한테 충분하지 않아.
A: 그럼 어떻게 해야 하는 걸까?
B: 그 단계에 도달하려면 내가 진짜 원하는 게 뭔지 알아야 하는데, 아직 잘 모르겠어.
A: 꾸준히 네가 원하는 걸 찾는 게 중요하겠지?
B: 네 말이 맞아. 그때까지는 진짜 나 자신을 찾기 위해 계속 노력할 거야.

Day 92 재테크 Investment

A: A lot of people invest in stocks or real estate these days.
B: Yeah. I didn't invest at all before, but I started recently.
A: How is it going?
B: At first, it seemed too complicated to try, but I realized I could learn step by step.
A: Do you plan to keep doing it?
B: I'm still too busy to focus on it, but I'll try to keep it up.

A: 요즘 많은 사람들이 주식이나 부동산에 투자하고 있어.
B: 맞아. 나는 예전에는 전혀 하지 않았지만, 최근에 시작했어.
A: 해 보니까 어때?
B: 처음엔 너무 복잡해 보여서 시도하기 어려웠지만, 조금씩 배우면 된다는 걸 알았어.
A: 계속 할 생각이야?
B: 바빠서 여전히 집중해서 하지는 못하지만, 꾸준히 해 보려고 해.

Day 93 파이어족 Early Retirement Goals

A: Do you know about the FIRE?
B: Yeah, it means saving and investing to retire early and live freely.
A: Does it sound good to you?
B: I'm not sure if I can retire that early, but I always dream of having more free time.
A: Do you want to do it too?
B: Of course. Someday, I hope to live freely without worrying about work.

A: 파이어족 알아?
B: 응, 일찍 은퇴해서 자유롭게 살기 위해 저축하고 투자하는 걸 말해.
A: 좋아 보여?
B: 내가 그렇게 빨리 은퇴할 수 있을지는 모르지만, 항상 더 많은 자유 시간을 꿈꿔.
A: 너도 하고 싶어?
B: 물론이지. 언젠가는 일 걱정 없이 자유롭게 살고 싶어.

Day 94 살고 싶은 집 Dream House

A: Do you have a house you want to live in?
B: I'd like to live in a new, large apartment in a good school district for my children.
A: What else do you want?
B: It would be great if the apartment had a community gym.
A: How can you get it?
B: I'll need some luck to win an apartment lottery or save a lot of money.

A: 살고 싶은 집이 있어?
B: 아이들을 위해 학군이 좋은 신축 대형 아파트에 살고 싶어.
A: 또 어떤 걸 원해?
B: 아파트 단지 안에 헬스장이 있다면 정말 좋을 것 같아.
A: 어떻게 하면 살 수 있어?
B: 그런 집을 얻으려면 운이 좋아 분양을 받거나 돈을 많이 모아야겠지.

Day 95 경제적 자유 Financial Freedom

A: Have you heard of financial freedom?
B: Yes! These days, I read a lot about financial freedom in books.
A: What exactly does it mean?
B: It means making money from rent or stocks without working.
A: It must be hard, right?
B: It sounds like a dream, but it really makes me want to try.

A: 경제적 자유란 말 들어 본 적 있어?
B: 응! 요즘은 책에서 '경제적 자유'라는 말을 자주 봐.
A: 정확히 어떤 걸 의미해?
B: 그건 일을 하지 않아도 월세나 주식으로 돈을 버는 걸 말하지.
A: 쉽진 않겠지?
B: 꿈 같지만, 정말 한번 도전해 보고 싶게 만들어.

Day 96 어릴 적 꿈 Childhood Dreams

A: What was your childhood dream?
B: I wanted to be a teacher, an artist, and even a scientist at the same time.
A: Did your dreams change as you grew up?
B: Some of those dreams changed, and others just faded away.
A: How do you feel when you think about your childhood dreams?
B: I still remember how excited I felt when I thought about my future.

A: 어릴 적 꿈이 뭐였어?
B: 선생님, 예술가, 심지어 과학자까지 동시에 되고 싶었지.
A: 자라면서 꿈이 바뀌었어?
B: 어떤 꿈은 바뀌고, 어떤 꿈은 그냥 사라졌어.
A: 어릴 적 꿈을 생각하면 어때?
B: 내 미래를 생각했을 때 설레던 그 기분은 아직도 기억해.

Day 97 현재의 꿈 Current Goals

A: What dream do you have now?
B: First, I want to stay healthy. Nothing else matters when I'm sick.
A: And the second?
B: I want financial freedom. I'm not there yet, but I hope to live without worrying about money.
A: And the third?
B: I want to enjoy life with my family and friends for a long time.

A: 현재 어떤 꿈이 있어?
B: 첫째는 건강이야. 아플 때는 다른 건 아무것도 중요하지 않게 느껴져.
A: 두 번째는?
B: 둘째는 경제적 자유야. 아직 그 단계에 이르진 못했지만, 돈 걱정 없이 살고 싶어.
A: 세 번째는?
B: 가족과 친구들과 오래도록 인생을 즐기고 싶어.

Day 98 버킷리스트 Bucket List

A: I'm curious about your bucket list.
B: When I was younger, my bucket list was full of big dreams like traveling the world.
A: How about now?
B: I don't chase such big dreams anymore.
A: So, what goals do you have?
B: Now my list includes goals like mastering speaking English or learning how to dance.

A: 너의 버킷리스트가 궁금해.
B: 어릴 땐 내 버킷리스트가 세계 여행을 하는 것 같은 큰 꿈들로 가득했어.
A: 지금은?
B: 그런 큰 꿈들은 더 이상 좇지 않아.
A: 그럼 어떤 목표가 있어?
B: 이제는 영어 회화를 마스터하거나 춤을 배우는 것처럼 현실적인 목표들이 내 버킷리스트에 있어.

Day 99 5년 후 In Five Years

A: How will you be living in five years?
B: In five years, I want to run my own small business.
A: That sounds great! Do you have any other goals?
B: I want to speak English well enough to travel anywhere freely, too.
A: Anything else you want to do?
B: I also want to try all the hobbies I've always wanted to explore before it's too late.

A: 5년 후에는 어떻게 살고 있을까?
B: 5년 후엔 내 작은 사업을 운영하고 싶어.
A: 멋지겠네! 다른 목표도 있어?
B: 영어를 잘해서 해외 어디든 자유롭게 여행을 다니고도 싶어.
A: 또 원하는 거 있어?
B: 그리고 너무 늦기 전에 그동안 해 보고 싶었던 취미도 전부 도전해 보고 싶어.

Day 100 10년 후 In Ten Years

A: How do you think you will live in ten years?
B: I think I'll have a good life either in Korea or abroad.
A: What kind of work do you want to do then?
B: I hope I can work in a job that makes me happy, either teaching or creating something new.
A: Anything else?
B: I imagine traveling more often and learning new things. That's the kind of future I dream about.

A: 10년 후에 어떻게 살고 있을 것 같아?
B: 나는 한국이나 해외 어디에서든 잘 살고 있을 것 같아.
A: 그땐 어떤 일을 하고 싶어?
B: 그때는 가르치거나 새로운 것을 창작하면서 행복한 일을 하고 싶어.
A: 또?
B: 여행을 더 자주 다니고, 새로운 것들을 배우고 싶어. 그게 내가 꿈꾸는 미래야.

15초 프리토킹 연습

다음 내용을 큰 소리로 말하면서 연습해 보세요.

난 비록 바쁘고 시간이 많지 않지만, 운동은 규칙적으로 하려고 해. 여러 해 동안 헬스, 필라테스, 수영 등 여러 가지를 해 봤어. 비록 다음 날 근육통으로 힘들 때도 있지만, 운동을 하고 나면 항상 상쾌해져. 그래서 규칙적인 운동이 몸과 마음을 모두 강하게 해 준다고 믿어.

Although I'm busy and don't have much time, I try to exercise regularly. Over the years, I've tried many things like going to the gym, doing Pilates, and swimming. Even though sometimes I struggle with sore muscles the next day, I always feel refreshed after a workout. That's why I believe regular exercise keeps both my body and mind strong.

실전 롤플레이 프리토킹

프롬프트 확인하기

Do you exercise often?

난 비록 바쁘고 시간이 많지 않지만, 운동은 규칙적으로 하려고 해.

What kind of exercise have you tried?

헬스, 필라테스, 수영 등 여러 가지를 해 봤어.

Is exercising hard for you?

비록 근육통으로 힘들 때도 있지만, 운동을 하고 나면 항상 상쾌해져.

Day 43 기분과 감정 Mood and Emotions

오늘의 표현

hide my feelings 감정을 숨기다	tasks were more important 해야 할 일이 더 중요했다	my emotions 내 감정
care about 신경 쓰다	**Mood and Emotions**	others' feelings 다른 사람들의 기분
my own mood 내 기분	put it first 우선시하다	It's not always easy 항상 쉬운 건 아니다

오늘의 문장 구조

though(비록 ~이긴 하지만)로 말하기: 상반되는 두 문장을 붙여 말하거나, 문장 맨 뒤에 부사처럼 쓸 수도 있어요.

1. 나는 종종 내 감정을 숨겨야 한다고 생각했지만 그게 항상 좋은 건 아니었지.

   I often thought I should hide my feelings, though it wasn't always good for me.

2. 내 기분은 점점 나빠지고 있었지만 다른 사람들의 기분을 먼저 챙기려 했어.

   I tried to put other's feelings first, though my own mood was getting worse.

3. 그렇다고 항상 쉬운 건 아냐.

   It's not always easy, though.

Vocabulary

hide 숨기다	important 중요한	emotion 감정	care about 신경 쓰다
realize 깨닫다	as long as ~하는 한	cause 야기하다	

15초 프리토킹 연습

다음 내용을 큰 소리로 말하면서 연습해 보세요.

> 나는 종종 내 감정을 숨겨야 한다고 생각했지만 그게 항상 좋은 건 아니었지. 예전에는 해야 할 일이 내 감정보다 더 중요하다고 생각했어. 다른 사람들의 기분을 항상 신경 써야 한다고 믿었어. 이제는 내 기분도 중요하다는 걸 깨달았어. 큰 문제가 되지 않는 한, 내 기분을 우선시하려고 해. 항상 쉬운 건 아니지만 말이야.

I often thought I should hide my feelings, though it wasn't always good for me. I used to think tasks were more important than my emotions. I also believed that I should always care about others' feelings. Now I realize my own mood is important too. I try to put it first as long as it doesn't cause big problems. It's not always easy, though.

실전 롤플레이 프리토킹

프롬프트 확인하기

Do you usually show your feelings, or keep them inside?

나는 종종 내 감정을 숨겨야 한다고 생각했지만 그게 항상 좋은 건 아니었지.

How about now?

지금은 내 기분도 중요하다는 걸 깨달았어. 큰 문제가 되지 않는 한, 내 기분을 우선시하려고 해.

Does that work well?

항상 쉬운 건 아니지만 말이야.

Day 44 스트레스 해소 Stress Relief

오늘의 표현

feel stressed 스트레스를 받다	relax 긴장을 풀다	breathe deeply 심호흡하다
meditate 명상을 하다	**Stress Relief**	unwind 긴장을 풀다
take a break 휴식을 취하다	calm music 차분한 음악	clear my mind 머리를 맑게 하다

오늘의 문장 구조

if(만약에)로 말하기: '만약 이런 일이 생기면, 이렇게 해'처럼 말할 수 있어요.

1. 스트레스를 받으면, 나는 긴장을 풀려고 해.
   If I feel stressed, I try to relax.
2. 스트레스를 받으면, 나는 심호흡을 하려고 해.
   If I feel stressed, I try to breathe deeply.
3. 스트레스가 너무 쌓이면, 나는 속도를 늦추라고 스스로에게 상기시켜.
   If stress builds up too much, I remind myself to slow down.

Vocabulary

breathe 호흡하다　calm 차분한　build up 쌓다　remind 상기하다
slow down 늦추다　relieve 해소하다

15초 프리토킹 연습

다음 내용을 큰 소리로 말하면서 연습해 보세요.

스트레스를 받으면, 나는 긴장을 풀고 심호흡을 하려고 해. 가끔은 명상도 하는데, 명상은 긴 하루 끝에 긴장을 푸는 데 도움이 돼. 또 차분한 음악을 들으면서 휴식을 취하기도 하는데, 그러면 머리가 맑아져. 스트레스가 너무 쌓이면, 나는 속도를 늦추고 스트레스 해소에 집중하라고 스스로에게 상기시켜. 결국에는 더 가볍고 긍정적으로 느끼게 돼.

If I feel stressed, I try to relax and breathe deeply. Sometimes I meditate, because it helps me unwind after a long day. I also take a break with some calm music, and it really helps me clear my mind. If stress builds up too much, I remind myself to slow down and focus on relieving it. In the end, I feel lighter and more positive.

실전 롤플레이 프리토킹

프롬프트 확인하기

What do you do when you feel stressed?

나는 긴장을 풀고 심호흡을 하려고 해.

What else do you do?

가끔은 명상도 하는데, 명상은 긴장을 푸는 데 도움이 돼.

Any other tips?

또 차분한 음악을 들으면서 휴식을 취하기도 하는데,
그러면 머리가 맑아져.

Day 45 다이어트 목표 Diet Goals

오늘의 표현

start my diet 다이어트를 시작하다	a fit body 멋진 몸매	in great shape 몸짱
focus on diet 다이어트에 집중하다	**Diet Goals**	exercise 운동
lose weight 살을 빼다	company dinner 회식	late-night snacks 야식

오늘의 문장 구조

as long as(~하는 한)로 말하기: '특정 조건이 충족되는 동안은 이런 게 가능하다'라고 말할 수 있어요.

1. 다이어트를 시작했더라면 탄탄한 몸을 만들 수 있었을 텐데.
   I could get a fit body as long as I started my diet.
2. 다이어트에 집중할 시간이 있었다면 몸짱이 될 수 있었을 거야.
   I could be in great shape as long as I had time to focus on diet.
3. 또 회식만 없었다면 살도 쉽게 빠졌겠지.
   I could also lose weight as long as there were no company dinners.

Vocabulary

dream of ~을 꿈꾸다 as long as ~하는 한 focus on ~에 집중하다 company dinner 회식
late-night snacks 야식

15초 프리토킹 연습

다음 내용을 큰 소리로 말하면서 연습해 보세요.

> 나는 항상 내일부터 다이어트를 시작한다고 말하지만, 쉽지 않아. 그래도 여전히 멋진 몸매를 꿈꿔. 다이어트와 운동에만 집중할 시간이 있었다면 몸짱이 될 수 있었을 거야. 또 회식만 없었다면 살도 쉽게 빠졌겠지. 일단 휴대폰을 보면서 야식 먹는 습관부터 고쳐야겠어.

I always say I'll start my diet tomorrow, but it's not easy. Still, I dream of having a fit body. I think I could be in great shape as long as I had time to focus on diet and exercise. I could also lose weight as long as there were no company dinners. For now, I need to stop eating late-night snacks while looking at my phone.

실전 롤플레이 프리토킹

AI 프롬프트 확인하기

Have you ever tried dieting?

나는 항상 내일부터 다이어트를 시작한다고 말하지만, 쉽지 않아.

Why do you think it's hard?

회식만 없었다면 살도 쉽게 빠졌겠지.

What can you do to make it better?

휴대폰을 보면서 야식 먹는 습관부터 고쳐야겠어.

Day 46 영양제 섭취 Taking Supplements

오늘의 표현

every morning 아침마다	multivitamin 종합 비타민	extra vitamin C 추가 비타민 C
omega-3 오메가3	**Taking Supplements**	magnesium for my brain 두뇌를 위한 마그네슘
collagen 콜라겐	probiotics 유산균	real food is important 진짜 음식이 중요하다

오늘의 문장 구조

if only(~하기만 하면 좋을 텐데)로 말하기: 내가 원하는 것에 대한 강한 감정을 말할 수 있어요.

1. 비타민만으로 다 해결된다면, 더 많이 먹었을 거야.
   If only vitamins could cover everything, I would take even more.
2. 두뇌를 위해 마그네슘을 먹었더라면, 집중력이 더 좋았을 거야.
   If only I took magnesium for my brain, I would be more focused.
3. 자는 것만으로 다 해결된다면, 더 많이 잤을 거야.
   If only sleep could cover everything, I would sleep even more.

Vocabulary

supplement 영양제 plus ~을 더하여 skip 건너뛰다 gut 장
important 중요한

15초 프리토킹 연습

다음 내용을 큰 소리로 말하면서 연습해 보세요.

나는 아침마다 영양제를 5개 정도 챙겨 먹어. 기본으로 종합 비타민을 먹고, 비타민 C도 하나 더 먹어. 또 두뇌와 근육을 위해 오메가3와 마그네슘을 챙기지. 피부와 장을 위해 콜라겐과 유산균도 빼먹지 않아. 영양제만으로 다 해결된다면, 더 많이 먹었을 거야. 하지만 진짜 음식도 중요하다는 걸 알기에, 규칙적으로 식사하려고 해.

Every morning I take about five supplements. I take a multivitamin as a basic, plus extra vitamin C. I also take omega-3 and magnesium for my brain and muscles. I don't skip collagen and probiotics for my skin and gut. If only supplements could cover everything, I would take even more. But I know real food is important too, so I try to eat regular meals.

실전 롤플레이 프리토킹

프롬프트 확인하기

Do you take any supplements?

응. 나는 아침마다 영양제를 5개 정도 챙겨 먹어.

Which ones do you take?

기본으로 종합비타민을 먹고, 비타민 C도 하나 더 먹어.
또 두뇌와 근육을 위해 오메가3와 마그네슘을 챙기지.

Anything else?

피부와 장을 위해 콜라겐과 유산균도 빼먹지 않아.

Day 47 충분한 휴식 Getting Enough Rest

오늘의 표현

take enough rest 충분한 휴식을 취하다	keep pushing myself 내 자신을 계속 몰아붙이다	lose the will 의지를 잃다, 하기 싫다
plan both hard work and enough breaks 성취를 위한 노력과 동시에 충분한 휴식을 계획하다	**Getting Enough Rest**	take care of my health 내 건강을 챙기다
proper rest 적절한 휴식	real success 진짜 성공	stay healthy and happy 건강하고 행복하게 지내다

오늘의 문장 구조

unless(~하지 않으면)로 말하기: 조건이 충족되지 않으면 그 일이 일어날 수 없다고 말할 수 있어요.

1. 만약 충분한 휴식을 취하지 않는다면 곧 아무것도 하고 싶지 않을 거야.
   Unless I take enough rest, I'll soon lose the will to do anything.
2. 계속 스스로를 밀어붙이지 않으면, 목표에 도달하지 못할 거야.
   Unless I keep pushing myself, I won't reach my goals.
3. 만약 건강을 챙기지 않는다면 성공한다 한들 무슨 소용이 있겠어?
   Unless I take care of my health, what's the point of success?

Vocabulary

enough 충분한　push 몰아붙이다　will 의지　proper 적절한
unless ~하지 않으면　in the end 결국

15초 프리토킹 연습

다음 내용을 큰 소리로 말하면서 연습해 보세요.

> 만약 충분한 휴식을 취하지 않고 계속 몰아붙이기만 하면, 곧 아무것도 하고 싶지 않을 거야. 그래서 성취를 위한 노력과 동시에 충분한 휴식도 함께 계획해야 한다고 생각해. 만약 적절한 휴식과 함께 건강을 챙기지 않는다면, 성공한다 한들 무슨 소용이 있겠어? 결국 진짜 성공은 건강하고 행복하게 지내는 거야.

Unless I take enough rest and just keep pushing myself, I'll soon lose the will to do anything. That's why I believe I should plan both hard work and enough breaks together. Unless I take care of my health with proper rest, what's the point of success anyway? In the end, real success means staying healthy and happy.

실전 롤플레이 프리토킹

프롬프트 확인하기

Do you get enough rest?

응. 만약 충분한 휴식을 취하지 않으면,
곧 아무것도 하고 싶지 않을 거야.

Some people skip rest to succeed, though.

만약 적절한 휴식과 함께 건강을 챙기지 않는다면,
성공한다 한들 무슨 소용이 있겠어?

Why do you think so?

결국 진짜 성공은 건강하고 행복하게 지내는 거야.

Day 48 숙면 취하기 Quality Sleep

오늘의 표현

a good night's sleep 숙면	stay up late 늦게 자다	on my phone 핸드폰을 보다가
never feel refreshed 전혀 상쾌하지 않다	**Quality Sleep**	in the morning 아침에
sleep really well 정말 푹 자다	more energy for work 일할 때 더 에너지가 넘치다	blackout curtain 암막 커튼

오늘의 문장 구조

What if(~하면 어떨까?)로 말하기: 머릿속으로 상상하는 것을 표현할 수 있어요.

1. 만약 내가 정말 푹 잘 수 있다면 어떨까?
   What if I could sleep really well?
2. 만약 내가 영어 회화를 정말 잘할 수 있다면 어떨까?
   What if I could speak English really well?
3. 만약 일할 때 에너지가 넘친다면 어떨까?
   What if I had more energy for work?

Vocabulary

it's been forever 정말 오래 되었다
what if ~? ~하다면 어떨까?
stay up late 늦게 자다
pillow 베개
feel refreshed 상쾌함을 느끼다

15초 프리토킹 연습

다음 내용을 큰 소리로 말하면서 연습해 보세요.

> 푹 잘 잔 게 정말 오래된 것 같아. 나는 핸드폰을 보다가 늦게 자고, 아침엔 전혀 상쾌하지 않아. 만약 내가 정말 푹 잘 수 있다면 어떨까? 만약 일할 때 더 에너지가 넘친다면 어떨까? 암막 커튼을 달고 새 베개도 사려고 하지만, 일단은 자기 전에 핸드폰 보는 것부터 끊어야겠어.

I feel like it's been forever since I had a good night's sleep. I stay up late on my phone, and I never feel refreshed in the morning. What if I could sleep really well? What if I had more energy for work? I'm thinking of getting blackout curtains and a new pillow, but first I should stop using my phone before bed.

실전 롤플레이 프리토킹

프롬프트 확인하기

Do you sleep well at night?

푹 잘 잔 게 정말 오래된 것 같아.

Why do you think you can't sleep well?

나는 핸드폰을 보다가 늦게 자고, 아침엔 전혀 상쾌하지 않아.

What can you do about it?

일단은 자기 전에 핸드폰 보는 것부터 끊어야겠어.

Day 49 건강검진 Health Check-ups

오늘의 표현

national health check-ups 국가 건강검진	something is wrong 어디가 안 좋다	result 결과
My check-up for this year 올해 검진	**Health Check-ups**	everything shows I'm healthy 모두 건강하다고 나오다
stay healthy 건강하게 살다	without any major illness 큰 병에 걸리지 않고	cancer or diabetes 암이나 당뇨병

오늘의 문장 구조

I wish(~라면 좋을 텐데)로 말하기: 현실과 다른 바람이나 아쉬운 감정을 표현할 수 있어요.

1. 좋은 결과가 있기를 바라.

   I wish the results would be good.

2. 내가 건강하게 살기를 바라.

   I wish I could stay healthy.

3. 큰 병에 걸리지 않고 살기를 바라.

   I wish I could live without any major illness.

Vocabulary

whenever ~할 때마다	turn 차례	sink 철렁하다	wish 바라다
major 큰	cancer 암	diabetes 당뇨병	

15초 프리토킹 연습

다음 내용을 큰 소리로 말하면서 연습해 보세요.

나는 국가 건강검진 차례가 될 때마다 검진을 받는데, 어디가 안 좋다는 얘기를 들으면 심장이 철렁해. 매번 좋은 결과가 있기를 바라. 올해 검진도 앞두고 있는데, 모두 건강하다고 나오길 정말 바라. 평생 암이나 당뇨병 같은 큰 병에 걸리지 않고 건강하게 살면 좋겠어.

I get my national health check-ups whenever it's my turn, and my heart always sinks if I hear something is wrong. I wish the results would be good every time. My check-up for this year is coming up, and I really hope everything shows I'm healthy. I wish I could stay healthy all my life without any major illness like cancer or diabetes.

실전 롤플레이 프리토킹

프롬프트 확인하기

Do you get a health check-up?

응. 나는 국가 건강검진 차례가 될 때마다 검진을 받아.

What about this year?

올해 검진도 앞두고 있는데, 모두 건강하다고 나오길 정말 바라.

Do you wish for anything about your health?

평생 암이나 당뇨병 같은 큰 병에 걸리지 않고 건강하게 살면 좋겠어.

Day 50 가족의 건강 Family Health

오늘의 표현

nothing feels good 전혀 기분이 좋지 않다	**when my family is sick** 가족이 아플 때	**health technology** 건강 기술
get better 좋아지다	**Family Health**	**my own family** 내 가족
stays healthy 건강하게 지내다	**cost a lot** 큰돈이 들다	**the most important thing** 가장 중요한 것

오늘의 문장 구조

「 **even if(~하더라도)로 말하기:** 상대의 조건에 상관없이 자신의 의지나 사실을 강조할 때 사용해요. 」

1. 아무리 돈을 많이 벌어도 가족이 아프면 전혀 기분이 좋지 않아.

   Even if I make a lot of money, nothing feels good when my family is sick.

2. 건강 기술이 좋아져도 여전히 주변에 아픈 사람들이 있어.

   Even if I health technology gets better, I still see people around me suffering.

3. 큰돈이 들더라도 가족이 건강하길 바랄 뿐이야.

   I just hope my family stays healthy, even if it costs a lot.

Vocabulary

technology 기술　suffer 고통을 받다　stay healthy 건강하게 지내다　cost 비용이 들다
in the end 결국에는

15초 프리토킹 연습

다음 내용을 큰 소리로 말하면서 연습해 보세요.

> 아무리 돈을 많이 벌어도 가족이 아프면 전혀 기분이 좋지 않아. 나까지 아픈 것 같아. 건강 기술이 좋아져도 여전히 주변에 아픈 사람들이 있고, 그게 내 가족일 땐 정말 힘들어. 큰돈이 들더라도 가족이 건강하길 바랄 뿐이야. 결국 건강이야말로 가장 중요한 거니까.

Even if I make a lot of money, nothing feels good when my family is sick. It feels like I'm sick too. Even if health technology gets better, I still see people around me suffering, and it's so hard when it's my own family. I just hope my family stays healthy, even if it costs a lot. In the end, health really is the most important thing.

실전 롤플레이 프리토킹

프롬프트 확인하기

Do you also take care of your family's health?

응. 아무리 돈을 많이 벌어도 가족이 아프면 전혀 기분이 좋지 않아.

That's true.

나까지 아픈 것 같아.

I think health is the most important.

맞아. 큰돈이 들더라도 가족이 건강하길 바랄 뿐이야.

MP3 바로 듣기

PART 6

인간관계

Relationship

Day 51-60

Day 51 연애와 결혼 Dating and Marriage

오늘의 표현

date 연애하다	like before 예전처럼	plan to get married 결혼을 계획하다
by a certain age 특정 나이까지	Dating and Marriage	love someone 누군가를 사랑하다
meet the right person 좋은 사람을 만나다	go through 거치다	complicated wedding process 복잡한 결혼 준비 과정

오늘의 문장 구조

want to(~하길 원하다)로 말하기: 내가 원하는 것을 to 다음에 말하며, 비슷하게 plan to(할 계획이다), decide to(하기로 결심하다), need to(할 필요가 있다)로도 말해요.

1. 예전처럼 사람들이 꼭 연애를 하고 싶어 하지 않아.

   People don't always want to date like before.

2. 결혼을 계획하는 경우도 그렇게 많지 않아.

   They also don't plan to get married that much.

3. 특정 나이까지 꼭 결혼하겠다고 결심하는 사람도 거의 없지.

   Most people don't decide to get married by a certain age either.

Vocabulary

plan 계획하다 get married 결혼하다 certain 특정한 complicated 복잡한
process 과정

15초 프리토킹 연습

다음 내용을 큰 소리로 말하면서 연습해 보세요.

요즘은 예전처럼 사람들이 꼭 연애를 하고 싶어 하지 않아. 결혼을 계획하는 경우도 그렇게 많지 않아. 특정 나이까지 꼭 결혼하겠다고 결심하는 사람도 거의 없지. 그래도 우리 모두 사랑은 필요하다고 생각해. 좋은 사람을 만난다면, 복잡한 결혼 준비 과정을 거칠 필요는 없을 것 같아.

These days, people don't always want to date like before. They also don't plan to get married that much. Most people don't decide to get married by a certain age either. Still, I think we all need to love someone. If I meet the right person, I don't think we need to go through a complicated wedding process.

실전 롤플레이 프리토킹

프롬프트 확인하기

How are dating trends in Korea?

요즘은 예전처럼 사람들이 꼭 연애를 하고 싶어 하지 않아.

What about marriage?

특정 나이까지 꼭 결혼하겠다고 결심하는 사람도 거의 없지.

What do you think?

그래도 우리 모두 사랑은 필요하다고 생각해.

Day 52 아이와 육아 Parenting and Kids

오늘의 표현

birth rate 출산율	really low 정말 낮다	don't want to have kids 아이를 낳고 싶어 하지 않다
have just one child 한 아이만 낳다	**Parenting and Kids**	parenting 육아
sacrifice 희생	blessing 축복	good parent 좋은 부모

오늘의 문장 구조

I want you to(네가 ~하길 원해)로 말하기: 상대가 해 줬으면 하는 것을 말할 때는 중간에 you를 넣어 말해요.

1. 네가 들었으면 해.
   I want you to listen.
2. 사람들이 육아의 중요성을 이해했으면 해.
   I want people to understand that parenting is important.
3. 아이를 키우는 건 축복이라는 걸 사람들이 알았으면 해.
   I want people to know that raising a child is a blessing.

Vocabulary

birth rate 출산율　parenting 육아　raise 양육하다　sacrifice 희생
blessing 축복

15초 프리토킹 연습

다음 내용을 큰 소리로 말하면서 연습해 보세요.

> 한국은 출산율이 정말 낮고, 아이를 낳고 싶어 하지 않는 사람들도 있어. 어떤 사람들은 한 명만 낳아서 잘 키우려고 해. 육아는 많은 희생과 돈이 들어서 쉽지 않아. 그래도 아이를 키우는 건 축복이라는 걸 사람들이 알았으면 해. 좋은 부모가 되려고 노력하는 것은 멋진 일이야.

In Korea, the birth rate is really low, and some people don't want to have kids. Some people choose to have just one child and try to raise them well. Parenting isn't easy because it takes a lot of sacrifice and money. Still, I want people to know that raising a child is a blessing. Trying to be a good parent is a great thing.

실전 롤플레이 프리토킹

프롬프트 확인하기

How is the birth rate in Korea?

한국은 출산율이 정말 낮고,
아이를 낳고 싶어 하지 않는 사람들도 있어.

Why is that?

육아는 많은 희생과 돈이 들어서 쉽지 않아.

What do you think?

아이를 키우는 건 축복이라는 걸 사람들이 알았으면 해.

Day 53 친구와의 추억 Memories with Friends

오늘의 표현

have so many good memories 좋은 추억이 많다	with my friends 친구들과	when I was in school 학교 다닐 때는
forget about stress 스트레스를 잊다	**Memories with Friends**	just enjoy the moment 그 순간을 즐기다
sing at karaoke 노래방에서 노래를 부르다	go on small trips 작은 여행을 가다	make our friendship stronger 우정을 더 단단하게 하다

오늘의 문장 구조

make, have로 말하기: '~하게 하다/ 만들다/시키다'라는 뜻으로 쓸 수 있어요. 누구에게, 또 어떤 동작을 하게 만들었는지 붙여 말해요.

1. 나는 매일 나를 웃게 해 주는 친구들이 있었어.
   I had friends who made me laugh every single day.

2. 그들 덕분에 스트레스를 잊고 그 순간을 그냥 즐길 수 있었어.
   They made me forget about stress and just enjoy the moment.

3. 선배가 노래방에서 나에게 노래를 부르게 했어.
   My senior had me sing at karaoke.

Vocabulary

memory 추억	every single day 매일	enjoy 즐기다	moment 순간
encourage 권하다	friendship 우정	stronger 더 단단하게	

15초 프리토킹 연습

다음 내용을 큰 소리로 말하면서 연습해 보세요.

나는 친구들과 정말 좋은 추억이 많아. 학교 다닐 때는 매일 나를 웃게 해 주는 친구들이 있었어. 그 친구들 덕분에 스트레스를 잊고 그 순간을 즐길 수 있었지. 우리는 노래방에서 노래를 부르거나 작은 여행을 가는 등 서로 새로운 것들을 해 보도록 권했어. 그런 순간들이 우리의 우정을 더 단단하게 해 줬고, 나는 절대 잊지 못할 거야.

I have so many good memories with my friends. When I was in school, I had friends who made me laugh every single day. They made me forget about stress and just enjoy the moment. We also encouraged each other to try new things, like singing at karaoke or going on small trips. Those moments made our friendship stronger, and I will never forget them.

실전 롤플레이 프리토킹

프롬프트 확인하기

Did you have many friends when you were in school?

응. 학교 다닐 때는 매일 나를 웃게 해 주는 친구들이 있었어.

What are you thankful for about those friends?

그 친구들 덕분에 스트레스를 잊고 그 순간을 즐길 수 있었지.

What did you usually do with your friends?

우리는 노래방에서 노래를 부르거나 작은 여행을 가는 등
서로 새로운 것들을 해 보도록 권했어.

Day 54 부모님 건강 Parents' Health

오늘의 표현

people around me 내 주변 사람들	when I'm busy with work 일이 바쁠 때	it's not easy to take care of them 그들을 돌보는 게 쉽지 않다
earn more 돈을 더 벌다	**Parents' Health**	live comfortably 편하게 지내다
get good treatment 좋은 치료를 받다	stay healthy 건강을 유지하다	go for check-ups 정기검진을 받다

오늘의 문장 구조

let, help로 말하기: '~하게 두다 / ~하도록 돕다'라는 뜻으로 쓸 수 있어요. 누구에게, 또 어떤 동작을 하게 뒀는지 붙여 말해요.

1. 나는 그들이 편하게 지내시게 해드리고 싶어.
   I want to let them live comfortably.
2. 나는 그들이 좋은 치료를 받을 수 있도록 도울 계획이야.
   I plan to help them get good treatment.
3. 나는 또 그들이 건강하게 지내도록 돕고 정기검진을 받게 하려고 해.
   I also try to help them stay healthy and go for check-ups.

Vocabulary

worry 걱정하다 　 take care of 돌보다 　 earn 벌다 　 comfortably 편하게
treatment 치료

15초 프리토킹 연습

다음 내용을 큰 소리로 말하면서 연습해 보세요.

요즘 내 주변 사람들은 부모님의 건강을 더 걱정하고, 나도 그래. 일이 바쁠 땐 부모님을 돌보는 게 쉽지 않아서 마음이 아파. 돈을 더 벌어서 부모님이 편하게 지내시고 좋은 치료를 받게 해 드리고 싶어. 또 부모님이 건강을 유지하시도록 돕고 정기검진도 받게 하려고 해.

These days, people around me worry more about their parents' health, and so do I. When I'm busy with work, it's not easy to take care of them, and that makes me sad. I want to earn more so they can live comfortably and get good treatment. I also try to help them stay healthy and go for check-ups.

실전 롤플레이 프리토킹

프롬프트 확인하기

Are your parents healthy?

요즘 내 주변 사람들은 부모님의 건강을 더 걱정하고, 나도 그래.

Do you worry a lot?

응. 일이 바쁠 땐 부모님을 돌보는 게 쉽지 않아서 마음이 아파.

What do you usually do for them?

부모님이 건강을 유지하시도록 돕고 정기검진도 받게 하려고 해.

Day 55 형제자매 근황 Sibling Updates

오늘의 표현

My siblings and I 우리 형제자매들은	**all busy with our own lives** 각자 자기 삶에 바쁜	**get together** 모이다
catch up 근황을 나누다	**Sibling Updates**	**love chatting** 수다 떠는 걸 좋아하다
eat something delicious 맛있는 걸 먹다	**peel tangerines** 귤을 까다	**still comforting** 여전히 든든한

오늘의 문장 구조

love(아주 좋아하다), like(좋아하다)로 말하기: 평소 좋아하는 활동을 '-ing' 형태의 동사로 붙여 말해요. '-ing'로 자주 진행된다는 뉘앙스를 강조할 수 있어요.

1. 우리는 수다 떠는 걸 좋아해.
   We love chatting.
2. 우리는 귤을 까서 먹는 걸 좋아해.
   We like peeling tangerines.
3. 우리는 나란히 앉아 TV 보는 걸 좋아해.
   We like sitting side by side to watch TV.

Vocabulary

sibling 형제자매　catch up 근황을 나누다　chat 수다를 떨다　delicious 맛있는
peel 껍질을 벗기다　tangerine 귤　childhood 어릴 적

15초 프리토킹 연습

다음 내용을 큰 소리로 말하면서 연습해 보세요.

우리 형제자매들은 각자 자기 삶에 바쁘지만 그래도 가끔은 모여서 서로의 근황을 나눠. 함께 맛있는 걸 먹으면서 수다 떠는 걸 좋아해. 또 귤을 까서 먹으면서 나란히 앉아 TV 보는 것도 좋아하지. 나이가 들수록 어릴 적만큼 함께할 시간은 많지 않겠지만, 그래도 서로의 존재만으로 든든해.

My siblings and I are all busy with our own lives, but we still get together sometimes to catch up. We love chatting while eating something delicious. We also like peeling tangerines and sitting side by side to watch TV. As we get older, we may not have as much time together as we did in childhood, but it's still comforting just to have each other.

실전 롤플레이 프리토킹

프롬프트 확인하기

Do you get along well with your siblings?

응. 우리 형제자매들은 바쁘지만
그래도 가끔은 모여서 서로의 근황을 나눠.

What do you like to do together?

함께 맛있는 걸 먹으면서 수다 떠는 걸 좋아해.

What else?

또 귤을 까서 먹으면서 나란히 앉아 TV 보는 것도 좋아하지.

Day 56 친척 모임 Relatives Gathering

오늘의 표현

family gathering 친척 모임	sharing old stories 옛날 얘기를 나누는 것	laughing together 함께 웃는 것
catch up 근황을 나누다	**Relatives Gathering**	keep asking about jobs or marriage 계속 취업이나 결혼 얘기를 꺼내다
don't like hearing those questions 그런 질문 듣는 걸 안 좋아하다	awkward 어색한	finish eating 식사를 마치다

오늘의 문장 구조

enjoy(즐기다), keep(계속 하다)로 말하기: 자주 즐기는 것이나 계속 되는 일을 '-ing' 형태의 동사로 붙여 말해요. '-ing'로 자꾸 발생한다는 뉘앙스를 강조할 수 있어요.

1. 우리는 옛날 얘기를 나누는 걸 즐겨.
   We enjoy sharing old stories.

2. 우리는 함께 웃는 걸 즐겨.
   We enjoy laughing together.

3. 어떤 친척들은 계속 취업이나 결혼 얘기를 꺼내.
   Some relatives keep asking about jobs or marriage.

Vocabulary

gathering 모임	share 나누다, 공유하다	job 취업	marriage 결혼
mood 분위기	awkward 어색한		

15초 프리토킹 연습

다음 내용을 큰 소리로 말하면서 연습해 보세요.

친척 모임에서는 옛날 얘기를 나누고 함께 웃는 걸 즐겨. 모두를 만나서 근황을 나누는 건 재밌지. 그런데 요즘은 어떤 친척들은 계속 취업이나 결혼 얘기를 꺼내서, 사람들이 그런 질문 듣는 걸 좋아하지 않아. 그런 얘기가 나오면 식사를 마친 뒤에도 분위기가 조금 어색해져.

At family gatherings, we enjoy sharing old stories and laughing together. It's fun to see everyone and catch up. But these days, some relatives keep asking about jobs or marriage, and people don't like hearing those questions. The mood gets a bit awkward when that happens, even after we finish eating.

실전 롤플레이 프리토킹

프롬프트 확인하기

What do you usually do at family gatherings?

우리는 옛날 얘기를 나누고 함께 웃는 걸 즐겨.

How is it these days?

요즘은 어떤 친척들은 계속 취업이나 결혼 얘기를 꺼내서,
사람들이 그런 질문을 듣는 걸 좋아하지 않아.

How do you feel when that happens?

그런 얘기가 나오면 식사를 마친 뒤에도 분위기가 조금 어색해져.

Day 57 나의 오랜 친구들 My Oldest Friends

오늘의 표현

from high school 고등학교 때	in the same class 같은 반의	hang out 어울리다
almost every day 거의 매일	My Oldest Friends	share our worries 우리의 고민을 나누다
make us closer 더 가까워지게 하다	once in a while 가끔	feel just like old times 예전 그대로인 것 같다

오늘의 문장 구조

start/begin(시작하다)으로 말하기: 새로 시작하는 활동을 '-ing' 형태의 동사로 붙여 말해요. '-ing'로 활발한 활동이 시작됨을 강조할 수 있어요.

1. 우리는 함께 어울리기 시작했어.
   We started hanging out.
2. 우리는 같이 공부하기 시작했어.
   We began studying together.
3. 우리는 가끔씩 서로의 걱정을 나누기 시작했어.
   We began sharing our worries once in a while.

Vocabulary

hang out 어울리다　share 공유하다　worry 고민　still 여전히
old times 예전

15초 프리토킹 연습

다음 내용을 큰 소리로 말하면서 연습해 보세요.

> 내가 가장 오래 만난 친구들은 고등학교 친구들이야. 우리는 같은 반이었고, 거의 매일 함께 어울리기 시작했어. 같이 공부도 하고 고민도 나누면서 더 가까워졌지. 여전히 가끔 만나는데, 항상 예전 그대로인 것 같아. 지금은 자주 만나지 못하지만, 나중엔 더 자주 만날 수 있을 거야.

My oldest friends are from high school. We were in the same class, and we started hanging out almost every day. We began studying together and shared our worries, which made us closer. We still meet once in a while, and it always feels just like old times. We don't meet often now, but maybe we'll meet more often later.

실전 롤플레이 프리토킹

프롬프트 확인하기

Who are your oldest friends?

고등학교 친구들이야.

How did you become close?

우리는 같은 반이었고, 거의 매일 함께 어울리기 시작했어.

Do you still see each other often these days?

지금은 자주 만나지 못하지만, 나중엔 더 자주 만날 수 있을 거야.

Day 58 성격 유형 Personality Types

오늘의 표현

guess 짐작하다	personality 성격	blood types 혈액형
too simple 너무 단순한	**Personality Types**	more detailed 더 자세한
people talk about it a lot 사람들이 자주 얘기하다	details of the 16 types 16가지 유형의 세부적인 것	understand people better 사람을 더 잘 이해하다

오늘의 문장 구조

remember(기억하다)로 말하기: 계속 기억하고 있는 것을 '-ing' 형태의 동사로 붙여 말해요.

1. 심리학을 공부하면서 사람들의 성격을 짐작하곤 했던 게 기억나.
   I remember guessing people's personality while studying psychology.
2. 예전에 혈액형 얘기를 했던 게 기억나.
   I remember talking about blood types before.
3. 사람들이 그 얘기를 자주 하던 게 기억나.
   I remember people talking about it a lot.

Vocabulary

each other 서로　simple 단순한　detailed 자세한　difference 차이점
understand 이해하다

15초 프리토킹 연습

다음 내용을 큰 소리로 말하면서 연습해 보세요.

요즘은 사람들의 성격을 MBTI로 짐작하려고 해. 예전에는 혈액형 얘기를 했지만, 네 가지로 나누는 건 너무 단순했어. MBTI는 더 자세해서 사람들이 자주 얘기해. 나는 가끔 16가지 유형의 세부적인 것을 잊어버리긴 하지만, T와 F의 차이점만으로도 사람을 더 잘 이해하는 데 도움이 돼.

These days, people try to guess each other's personality with MBTI. I remember talking about blood types before, but the four groups felt too simple. MBTI feels more detailed, so people talk about it a lot. I sometimes forget the details of the 16 types, but just the difference between T and F helps me understand people better.

실전 롤플레이 프리토킹

프롬프트 확인하기

What do people like these days?

요즘은 사람들의 성격을 MBTI로 짐작하려고 해.

Was it the same in the past?

예전에는 혈액형 얘기를 했지만,
MBTI는 더 자세해서 사람들이 자주 얘기해.

Does it help you understand people?

T와 F의 차이점만으로도 사람을 더 잘 이해하는 데 도움이 돼.

Day 59 갈등 해결 방법 Conflict Resolution

오늘의 표현

when there's a conflict 갈등이 생기면	stay calm 침착하다	listen first 먼저 듣다
see people arguing 사람들이 말다툼하는 걸 보다	**Conflict Resolution**	find better solutions 더 좋은 답을 찾다
talk honestly 솔직하게 얘기하다	respecting differences 차이를 존중하는 것	we both agree on 서로 동의하다

오늘의 문장 구조

see(보다)로 말하기: '누군가가 무엇을 하는 중인지 보다'라는 뜻으로 말할 수 있어요. 그 사람이 한 활동을 '-ing' 형태로 붙여 말해요.

1. 나는 사람들이 제대로 듣지 않고 말다툼하는 걸 자주 봐.
   I often see people arguing without really listening.
2. 나는 친구들이 더 좋은 답을 찾는 것도 봤어.
   I also see my friends finding better solutions.
3. 나는 사람들이 서로의 차이를 존중하지 않은 채 너무 솔직하게 말하는 걸 자주 봐.
   I often see people talking honestly without respecting differences.

Vocabulary

conflict 갈등　calm 침착한　argue 말다툼하다　honestly 솔직하게
respect 존중하다　agree on ~에 동의하다

15초 프리토킹 연습

다음 내용을 큰 소리로 말하면서 연습해 보세요.

갈등이 생기면, 나는 침착하게 먼저 들으려고 해. 사람들이 제대로 듣지 않고 말다툼하는 걸 자주 보는데, 그건 상황을 더 악화시켜. 친구들이 속도를 늦추고 솔직하게 얘기할 때 더 좋은 답을 찾는 것도 봤어. 나에게 중요한 건 차이를 존중하고 서로 동의할 수 있는 걸 찾는 거야.

When there's a conflict, I try to stay calm and listen first. I often see people arguing without really listening, and it only makes things worse. I also see my friends finding better solutions when they slow down and talk honestly. For me, it's all about respecting differences and finding something we can both agree on.

실전 롤플레이 프리토킹

AI 프롬프트 확인하기

How do you deal with conflicts?

나는 침착하게 먼저 들으려고 해.

Why do you think conflicts keep happening between people?

사람들이 제대로 듣지 않고 말다툼하는 걸 자주 보는데, 그건 상황을 더 악화시켜.

What's important to you then?

나에게 중요한 건 차이를 존중하고 서로 동의할 수 있는 걸 찾는 거야.

Day 60 인간관계 피로 Relationship Burnout

오늘의 표현

please everyone 사람들에게 맞추다	raise their voices 목소리를 높이다	even if it's not about me 내 일이 아니어도
get stressed 스트레스를 받다	**Relationship Burnout**	hear friends complaining 친구들이 불평하는 얘기를 듣다
make me tired 피곤하게 하다	avoid people 사람들을 피하다	get lonely 외로워지다

오늘의 문장 구조

hear(들리다)로 말하기: '누군가가 무엇을 하는 중인지 들린다'라는 뜻으로 말할 수 있어요. 소리를 낸 사람과 그 사람이 한 활동을 '-ing' 형태로 붙여 말해요.

1. 주변 사람들이 목소리 높이는 걸 들어.
   I hear people around me raising their voices.
2. 친구들이 불평하는 걸 들어.
   I also hear friends complaining.
3. 그가 너무 자주 불평하는 걸 들어서, 나는 그를 피하기 시작했어.
   I heard him complaining so often that I started to avoid him.

Vocabulary

please 만족시키다, 맞추다　get stressed 스트레스를 받다　complain 불평하다　avoid 피하다
lonely 외로운　relationship 인간관계

15초 프리토킹 연습

다음 내용을 큰 소리로 말하면서 연습해 보세요.

> 사람들한테 너무 맞추다 보면 금방 번아웃이 와. 주변 사람들이 목소리 높이는 걸 들으면, 내 일이 아니어도 스트레스를 받아. 친구들이 불평하는 얘기를 들어도 그냥 피곤해져. 그러면 사람들을 피하고 싶어지는데 나중엔 외로워서 다시 찾게 돼. 인간관계에는 정답이 없는 것 같아.

Burnout comes quickly when I try too hard to please everyone. I hear people around me raising their voices, and even if it's not about me, I get stressed. I also hear friends complaining, and it just makes me tired. Then I want to avoid people, but later I get lonely and look for them again. I guess there's no right answer in relationships.

실전 롤플레이 프리토킹

AI

프롬프트 확인하기

It's not easy to get along with people, is it?

응. 사람들한테 너무 맞추다 보면 금방 번아웃이 와.

What do you do when it gets tough?

사람들을 피하고 싶어지는데 나중엔 외로워서 다시 찾게 돼.

Then what's the right thing to do?

인간관계에는 정답이 없는 것 같아.

MP3 바로 듣기

PART 7

트렌드

Trends

Day 61–70

Day 61 뷰티 트렌드 Beauty Trends

오늘의 표현

look natural 자연스러워 보이다	look fresh 생기 있어 보이다	makeup 화장
to highlight their natural skin 자연스러운 피부를 돋보이게 하기 위해	Beauty Trends	instead of covering it completely 완전히 커버하기보다는
natural glow 자연스러운 빛	from the inside 안에서부터	Korean beauty trends 한국의 뷰티 트렌드

오늘의 문장 구조

to(~하기 위해서)로 말하기: 목적을 말할 때 써요. to 다음에는 꼭 동사의 원래 형태로 말해야 해요.

1. 난 완전히 가리는 것보단 생기 있어 보이기 위한 가벼운 메이크업을 선택해.

   I choose light makeup to look fresh instead of covering it completely.

2. 사람들은 자연스러운 피부를 돋보이게 하기 위해 화장을 해.

   People use makeup to highlight their natural skin.

3. 자연스러운 빛을 유지하기 위해 잘 먹으려고 해.

   They also try to eat well to keep a natural glow.

Vocabulary

focus on 집중하다　highlight ~을 눈에 띄게 하다　natural 자연스러운　completely 완전히
glow 빛　follow 따라 하다

15초 프리토킹 연습

다음 내용을 큰 소리로 말하면서 연습해 보세요.

> 한국에서는 많은 뷰티 트렌드가 자연스러워 보이는 것에 집중해. 사람들은 생기 있고 건강해 보이기를 원하지. 사람들은 피부를 완전히 커버하기보다는 자연스러운 피부를 돋보이게 하기 위해 화장을 해. 또 안에서부터 자연스러운 빛을 유지하기 위해 잘 먹고 운동을 하지. 나도 한국의 뷰티 트렌드가 좋아서 그렇게 따라 하려고 해.

In Korea, many beauty trends focus on looking natural. People want to look fresh and healthy. People use makeup to highlight their natural skin instead of covering it completely. They also eat well and exercise to keep a natural glow from the inside. I also like Korean beauty trends, so I try to follow it too.

실전 롤플레이 프리토킹

프롬프트 확인하기

What are beauty trends like in Korea?

한국에서는 많은 뷰티 트렌드가 자연스러워 보이는 것에 집중해.

Can you explain more?

사람들은 피부를 완전히 커버하기보다는
자연스러운 피부를 돋보이게 하기 위해 화장을 해.

Do you like it too?

응. 나도 한국의 뷰티 트렌드가 좋아서 그렇게 따라 하려고 해.

Day 62 배달 문화 Delivery Culture

오늘의 표현

order food 음식을 주문하다	on their phones 휴대폰으로	wait at home 집에서 기다리다
delivery drivers 배달 기사들	**Delivery Culture**	bring meals 음식을 가져다주다
ride scooters 스쿠터로 달리다	daily items 생활용품	by the next morning 다음 날 아침까지

오늘의 문장 구조

ing(~하면서)로 말하기: 동시에 일어나는 일을 '-ing' 형태의 동사로 문장 끝에 붙여 말할 수 있어요.

1. 사람들은 휴대폰으로 음식을 주문하고, 집에서 기다려.

   People order food on their phones, waiting at home.

2. 배달 기사들은 분주한 거리를 스쿠터로 달리며 빠르게 음식을 가져다줘.

   Delivery drivers bring meals quickly, riding scooters through busy streets.

3. 이 덕분에 많은 사람들의 삶이 더 편리해지고 시간이 많이 절약돼.

   This saves a lot of time, making life easier for many people.

Vocabulary

delivery 배달 | bring 가져다주다 | quickly 빠르게 | deliver 배달하다 | save 절약하다

15초 프리토킹 연습

다음 내용을 큰 소리로 말하면서 연습해 보세요.

한국에서는 배달 문화가 정말 강해. 사람들은 휴대폰으로 음식을 주문하고 집에서 TV를 보거나 SNS를 확인하면서 기다리지. 배달 기사들은 분주한 거리를 스쿠터로 달리며 빠르게 음식을 가져다줘. 생활용품조차 다음 날 아침까지 배송돼. 이 덕분에 많은 사람들의 삶이 더 편리해지고 시간이 많이 절약돼.

In Korea, the delivery culture is really strong. People order food on their phones, waiting at home while watching TV or checking social media. Delivery drivers bring meals quickly, riding scooters through busy streets. Even daily items can be delivered by the next morning. This saves a lot of time, making life easier for many people.

실전 롤플레이 프리토킹

프롬프트 확인하기

What's special about Korea?

한국에서는 배달 문화가 정말 강해.

What do you mean by delivery culture?

사람들은 휴대폰으로 음식을 주문하고,
집에서 TV를 보거나 SNS를 확인하면서 기다리지.

That sounds convenient!

맞아! 생활용품조차 다음 날 아침까지 배송돼.

Day 63 스마트폰 Smartphones

오늘의 표현

used by almost everyone 거의 모든 사람들이 사용하다	make our lives easier 삶을 더 편하게 만들다	communication 의사소통
shopping 쇼핑	**Smartphones**	many apps are downloaded 수많은 앱이 다운로드되다
new features 새로운 기능	overused 과하게 사용되는	feel nervous 불안함을 느끼다

오늘의 문장 구조

p.p.(수동태)로 말하기 : 'Everyone uses smartphones.(모든 사람들이 스마트폰을 써.)'를 'Smartphones are used by everyone.(스마트폰이 모든 사람들에 의해 사용되고 있어.)'로 바꿔 말할 수 있어요.

1. 스마트폰은 거의 모든 사람들에 의해 사용되고 있어.
   Smartphones are used by almost everyone.
2. 스마트폰은 우리의 삶을 더 편하게 만들도록 설계돼 있어.
   They are designed to make our lives easier.
3. 매일 수많은 앱이 다운로드돼.
   Many apps are downloaded every day.

Vocabulary

almost 거의 feature 기능 overuse 과하게 사용하다 nervous 불안한
addicted 중독된

15초 프리토킹 연습

다음 내용을 큰 소리로 말하면서 연습해 보세요.

스마트폰은 요즘 거의 모든 사람들에 의해 사용되고 있어. 스마트폰은 의사소통부터 쇼핑에 이르기까지 우리의 삶을 더 편하게 만들도록 설계돼 있어. 매일 수많은 앱이 다운로드되고, 새로운 기능도 계속 추가돼. 가끔은 스마트폰이 과하게 사용된다고 느끼지만, 이제는 스마트폰 없이는 살기 힘들어. 나도 스마트폰이 없으면 불안해.

Smartphones are used by almost everyone these days. They are designed to make our lives easier, from communication to shopping. Many apps are downloaded every day, and new features are added all the time. Sometimes I feel smartphones are overused, but it's hard to live without them now. I also feel nervous when I don't have my phone.

실전 롤플레이 프리토킹

프롬프트 확인하기

Do you use your smartphone a lot?

응, 의사소통부터 쇼핑에 이르기까지 다 가능해.

Don't you think you use it too much?

가끔은 스마트폰이 과하게 사용된다고 느끼지만,
이제는 스마트폰 없이는 살기 힘들어.

A lot of people get addicted to them these days.

나도 스마트폰이 없으면 불안해.

Day 64 콘텐츠 시청 Viewing Content

오늘의 표현

watch a lot of content 콘텐츠를 많이 보다	a new episode 새 에피소드	my favorite show 좋아하는 프로그램
random videos 랜덤 영상	**Viewing Content**	pop up 갑자기 뜨다
educational content 교육 콘텐츠	watch videos 영상을 보다	made by people from all over the world 세상 사람들이 만든

오늘의 문장 구조

p.p.(감정 형용사)로 말하기: 신나게 만드는 상황은 exciting(신나게 하는), 그 상황에 의해 주어가 신난 감정을 느꼈다면 excited(신이 난)라고 -ed를 붙여서 말해요.

1. 나는 신이 나.
   I get excited.
2. 갑자기 뜨는 랜덤 영상에 놀라기도 해.
   I'm surprised by random videos that pop up.
3. 나는 학습 콘텐츠에도 정말 흥미가 있어.
   I'm also really interested in learning content.

Vocabulary

whenever ~할 때마다　favorite 좋아하는　release 공개하다, 출시하다　random 무작위의
interested in ~에 관심 있는

15초 프리토킹 연습

다음 내용을 큰 소리로 말하면서 연습해 보세요.

> 나는 온라인에서 콘텐츠를 많이 봐. 좋아하는 프로그램의 새 에피소드가 나오면 항상 신이 나. 가끔은 갑자기 뜨는 랜덤 영상에 놀라기도 하지. 영어나 과학 채널 같은 교육 콘텐츠에도 정말 흥미가 있어. 요즘 나는 세상 사람들이 만든 영상들을 보면서 내 자유 시간을 즐겁게 보내.

I watch a lot of content online. I get excited whenever a new episode of my favorite show is released. Sometimes I'm surprised by random videos that pop up. I'm also really interested in educational content, like English or science channels. These days, I make my free time fun by watching videos made by people from all over the world.

실전 롤플레이 프리토킹

프롬프트 확인하기

What do you do in your free time?

나는 온라인에서 콘텐츠를 많이 봐.

What kind of channels do you like?

영어나 과학 채널 같은 교육 콘텐츠에 정말 흥미가 있어.

Are they fun?

응, 요즘 나는 세상 사람들이 만든 영상들을 보면서
내 자유 시간을 즐겁게 보내.

Day 65 소셜 미디어 Social Media

오늘의 표현

social media account 소셜 미디어 계정	post a picture 사진을 게시하다	share a short video 짧은 영상을 공유하다
get likes '좋아요'를 받다	Social Media	express oneself 자신을 표현하다
share tips 정보를 공유하다	get addicted 중독되다	compare their lives to those of others 다른 사람의 삶과 비교하다

오늘의 문장 구조

관사 a(an)로 말하기: 이 세상에 모든 셀 수 있는 것은 앞에 a(an)을 붙여 '한 개'라고 말할 수 있어요.

1. 누구나 소셜미디어 계정 하나씩은 가지고 있어.
   Everyone has a social media account.
2. 사진 하나를 올리는 건 아주 쉬워.
   It's easy to post a picture.
3. 짧은 영상을 공유하는 건 아주 쉬워.
   It's easy to share a short video.

Vocabulary

account 계정 share 공유하다 express 표현하다 compare 비교하다
feel left behind 뒤처진다고 느끼다

15초 프리토킹 연습

다음 내용을 큰 소리로 말하면서 연습해 보세요.

> 요즘은 누구나 소셜 미디어 계정 하나씩은 가지고 있어. 사진 하나를 올리거나 짧은 영상을 공유하는 건 아주 쉬워. 가끔은 게시물 하나가 하루 만에 수천 개의 '좋아요'를 받기도 하지. 한국에서는 종종 소셜 미디어를 통해 자신을 표현하고 정보를 공유하기도 해. 하지만 어떤 사람들은 지나치게 중독되고, 또 어떤 사람들은 다른 사람의 삶과 비교하며 뒤처진 듯한 박탈감을 느끼기도 해.

Everyone has a social media account these days. It's easy to post a picture or share a short video. Sometimes one post can get thousands of likes in a single day. In Korea, social media is often used to express oneself and share tips. But some people get too addicted, and others feel left behind when they compare their lives to those of others.

실전 롤플레이 프리토킹

프롬프트 확인하기

Do you use social media?

물론이지. 요즘은 누구나 소셜 미디어 계정 하나씩은 가지고 있어.

Is it hard to use?

사진 하나를 올리거나 짧은 영상을 공유하는 건 아주 쉬워.

What is good and bad about social media?

소셜 미디어를 통해 자신을 표현하기도 하지만,
어떤 사람들은 지나치게 중독돼.

Day 66 케이팝 K-pop

오늘의 표현

famous group 유명한 그룹	people all over the world 전 세계 사람들	fan 팬
buy albums 앨범을 사다	K-pop	watch music videos 뮤직 비디오를 보다
huge stadium 큰 스타디움	catchy song 중독성 있는 노래	powerful performance 파워풀한 공연

오늘의 문장 구조

복수형으로 말하기: 2개 이상의 셀 수 있는 것은 뒤에 -s를 붙여 말해요.

1. 케이팝에는 유명한 그룹들이 많아.

   K-pop has many famous groups.

2. 팬들은 앨범을 사.

   Fans buy albums.

3. 콘서트는 큰 스타디움에서 열려.

   Concerts are held in huge stadiums.

Vocabulary

famous 유명한 join 참여하다 huge 큰 sell out 매진되다
catchy 중독성 있는 performance 공연

15초 프리토킹 연습

다음 내용을 큰 소리로 말하면서 연습해 보세요.

> 케이팝에는 전 세계 사람들이 따르는 유명한 그룹들이 많아. 팬들은 앨범을 사고, 뮤직비디오를 보고, 온라인 커뮤니티에 참여하지. 콘서트는 큰 스타디움에서 열리고, 표는 몇 분 만에 매진돼. 중독성 있는 노래와 파워풀한 공연이 케이팝을 정말 특별하게 만들어. 케이팝 그룹이 전 세계적으로 사랑받을 때 나도 함께 자랑스러워.

K-pop has many famous groups that people all over the world follow. Fans buy albums, watch music videos, and join online communities. Concerts are held in huge stadiums, and tickets sell out within minutes. The catchy songs and powerful performances make K-pop really special. I also feel proud when K-pop groups are loved worldwide.

실전 롤플레이 프리토킹

프롬프트 확인하기

Can you tell me about K-pop?

케이팝에는 전 세계 사람들이 따르는 유명한 그룹들이 많아.
팬들은 앨범을 사고, 뮤직비디오를 보고, 온라인 커뮤니티에 참여하지.

What do you think makes K-pop special?

중독성 있는 노래와 파워풀한 공연이
케이팝을 정말 특별하게 만들어.

Do you like it too?

응. 케이팝 그룹이 전 세계적으로 사랑받을 때
나도 함께 자랑스러워.

Day 67 한국 드라마 K-drama

오늘의 표현

watch the drama 드라마를 보다	with my parents 부모님과 함께	in the living room 거실에서
visual effects 시각 효과	**K-drama**	thrilling plot 흥미진진한 전개
episode 편	the whole world 전 세계	charm 매력

오늘의 문장 구조

관사 the로 말하기: '그'라는 뜻으로 상대도 알고 나도 알고 있거나, 특정한 것을 말할 때 써요.

1. 한국 드라마 오징어 게임이 넷플릭스 1위를 했어.
   The K-drama *Squid Game* was number one on Netflix.
2. 나는 부모님과 드라마 보는 걸 좋아했어.
   I liked watching the dramas with my parents.
3. 그 이야기들은 언제나 나를 설레게 했어.
   The stories always made me excited.

Vocabulary

visual 시각적인	effect 효과	thrilling 흥미진진한	plot 줄거리
right away 즉시, 바로	charm 매력		

15초 프리토킹 연습

다음 내용을 큰 소리로 말하면서 연습해 보세요.

> 한국 드라마 '오징어 게임'이 전 세계 넷플릭스 1위를 했어. 어릴 때 나는 부모님과 거실에서 드라마 보는 걸 좋아했어. 그 이야기들은 언제나 나를 설레게 했지. 화려한 시각 효과와 흥미진진한 전개는 바로 다음 편을 보고 싶게 만들었어. 이제는 전 세계가 한국 드라마의 매력을 알아주는 것 같아.

The K-drama *Squid Game* was number one on Netflix around the world. When I was young, I liked watching the dramas with my parents in the living room. The stories always made me excited. The visual effects and thrilling plots made me want to watch the next episode right away. Now the whole world can see the charm of K-dramas.

실전 롤플레이 프리토킹

프롬프트 확인하기

Can you recommend a fun Korean drama?

한국 드라마 '오징어 게임'이 전 세계 넷플릭스 1위를 했어.

Have you liked dramas for a long time?

어릴 때 나는 부모님과 거실에서 드라마 보는 걸 좋아했어.

Why did you like them?

화려한 시각 효과와 흥미진진한 전개는
바로 다음 편을 보고 싶게 만들었어.

Day 68 한국 음식 K-food

오늘의 표현

get popular 인기를 얻다	all over the world 전 세계적으로	international fan 외국인 팬
the unique taste of Korea 한국만의 독특한 맛	K-food	make people curious 사람들이 하고 싶게 만들다
global interest 세계적인 관심	worldwide love 전 세계적인 사랑	make me really proud 정말 자랑스럽게 하다

오늘의 문장 구조

this, these로 말하기: '이것', '이쪽', '이런'이란 뜻으로 한 개는 this, 두 개 이상의 여러 개는 these로 말해요.

1. 한국 음식에 대한 이런 세계적인 관심을 보면 기뻐.
   I'm happy to see this global interest in Korean food.
2. 한국 음식에 대한 이런 전 세계적인 사랑이 세계로 퍼지고 있어.
   This worldwide love for K-food is spreading all over the world.
3. 이런 음식들은 한국만의 독특한 맛을 보여 줘.
   These dishes show the unique taste of Korea.

Vocabulary

popular 인기 있는	international 국제적인	unique 독특한	taste 맛
curious 궁금한	interest 관심	worldwide 세계적인	proud 자랑스러운

15초 프리토킹 연습

다음 내용을 큰 소리로 말하면서 연습해 보세요.

한국 음식이 전 세계적으로 점점 인기를 얻고 있어. 이제는 외국인들도 김밥, 빙수, 김치 같은 이름을 알아. 이런 음식들은 한국만의 독특한 맛을 보여 주고, 더 많은 걸 먹어 보고 싶게 만들어. 한국 음식에 대한 이런 세계적인 관심을 보면 기뻐. 한국 음식이 전 세계적으로 사랑받는 걸 보면 정말 자랑스러워.

Korean food is getting popular all over the world. Now even international fans know names like gimbap, bingsu, and kimchi. These dishes show the unique taste of Korea and make people curious to try more. I'm happy to see this global interest in Korean food. The worldwide love for K-food makes me really proud.

실전 롤플레이 프리토킹

프롬프트 확인하기

Korean food is getting popular all over the world.

맞아. 이제는 외국인들도 김밥, 빙수, 김치 같은 이름을 알아.

How do you feel about that?

한국 음식에 대한 이런 세계적인 관심을 보면 기뻐.

Are you proud?

응. 한국 음식이 전 세계적으로 사랑받는 걸 보면 정말 자랑스러워.

Day 69 라이프 스타일 Lifestyle

오늘의 표현

simple 단순한	minimal 미니멀한	healthy lifestyle 건강한 라이프 스타일
peace 평화	Lifestyle	don't hold on to too many things 너무 많은 것에 집착하지 않다
enjoy life in that way 그런 방식으로 삶을 즐기다	I still have too much 아직도 너무 많은 걸 가지고 있다	living simply is worth it 단순하게 사는 게 가치 있다

오늘의 문장 구조

that, those로 말하기: '저것', '저쪽', '저런(그런)'이란 뜻으로, 셀 수 없는 추상적인 개념과 1개는 that, 2개 이상의 여러 개는 those로 말해요. those에는 '사람들'이란 뜻도 있어요.

1. 나는 그런 단순하고 미니멀한 라이프 스타일이 좋아.
   I admire that simple and minimal lifestyle.
2. 나는 아직 그런 방식으로 삶을 즐기는 법을 배우는 중이야.
   I'm still learning to enjoy life in that way.
3. 나는 너무 많은 것에 집착하지 않는 사람들을 존경해.
   I admire those who don't hold on to too many things.

Vocabulary

admire 존경하다　hold on ~을 계속 잡고 있다　look back 돌아보다　realize 깨닫다
worth 가치 있는

15초 프리토킹 연습

다음 내용을 큰 소리로 말하면서 연습해 보세요.

나는 단순하고 미니멀하며 건강한 라이프 스타일을 살려고 해. 이런 라이프 스타일이 바쁜 삶보다 더 평화를 준다고 믿어. 나는 너무 많은 것에 집착하지 않는 사람들을 존경해. 나는 아직 그런 방식으로 삶을 즐기는 법을 배우는 중이야. 가끔은 돌아보면 내가 아직도 너무 많은 걸 가지고 있다는 걸 깨달아. 하지만 단순하게 사는 게 가치 있다는 걸 스스로 상기시켜.

I try to live a simple, minimal, and healthy lifestyle. I believe this lifestyle gives me more peace than a busy one. I admire those who don't hold on to too many things. For me, I'm still learning to enjoy life in that way. Sometimes I look back and realize I still have too much. But I remind myself that living simply is worth it.

실전 롤플레이 프리토킹

프롬프트 확인하기

What kind of lifestyle do you like?

나는 단순하고 미니멀하며 건강한 라이프 스타일을 살려고 해.

Why?

그런 라이프 스타일이 바쁜 삶보다 더 평화를 준다고 믿어.

Are you keeping it well?

가끔은 돌아보면 내가 아직도 너무 많은 걸 가지고 있다는 걸 깨달아.

Day 70 소비 성향 Spending Habits

오늘의 표현

change a lot 많이 달라지다	without thinking 생각 없이	think first 먼저 생각하다
spend freely 막 쓰다	**Spending Habits**	You only live once(=YOLO) 인생은 한 번뿐이다
rising prices 물가 상승	save more 더 아끼다	the habit of looking for good value 가성비를 따지는 소비 습관

오늘의 문장 구조

my(나의)로 말하기: 내 것을 말할 때 쓰며 그 밖에 your(너의), our(우리의), their(그들의), his(그의), her(그녀의)도 쓸 수 있어요.

1. 나의 소비 성향은 달라졌어.
   My spending habits have changed.
2. 우리는 돈을 쓰기 전에 먼저 생각해.
   We think first before spending our money.
3. 내 친구와 우리 가족도 정말 꼭 필요한 것만 사려고 해.
   My friends and family also try to buy only what they really need.

Vocabulary

habit 습관 freely 막, 자유롭게 rising 상승하는 try to ~하려고 하다
save 절약하다

15초 프리토킹 연습

다음 내용을 큰 소리로 말하면서 연습해 보세요.

나의 소비 성향은 많이 달라졌어. 생각 없이 물건을 자주 샀는데, 이제는 먼저 멈추고 생각해. 인생은 한 번뿐이라는 생각에 막 쓰기도 했지만, 물가가 오를수록 더 아끼려고 해. 요즘 내 친구와 우리 가족도 정말 꼭 필요한 것만 사려고 해. 가성비를 따지는 소비 습관은 꼭 필요한 것 같아.

My spending habits have changed a lot. I often bought things without thinking, but now I stop and think first. I used to spend freely, thinking 'You only live once,' but with rising prices, I try to save more. These days, my friends and family also try to buy only what they really need. I think having the habit of looking for good value is really important.

실전 롤플레이 프리토킹

프롬프트 확인하기

How are your spending habits these days?

생각 없이 물건을 자주 샀는데, 이제는 먼저 멈추고 생각해.

How was it before?

인생은 한 번뿐이라는 생각에 막 쓰기도 했지만,
물가가 오를수록 더 아끼려고 해.

What about the people around you?

요즘 내 친구와 우리 가족도 정말 꼭 필요한 것만 사려고 해.

MP3 바로 듣기

PART 8

가치관

Values

Day 71-80

Day 71 행복 Happiness

오늘의 표현

work hard 열심히 일하다	to be happy 행복해지려고	everyone tries to say 모두가 정의하려 하다
what happiness means 행복이 무엇을 의미하는지	**Happiness**	winning 승리
doing better than others 다른 사람보다 더 잘하는 것	simple moments with family and friends 가족과 친구들과 보내는 단순한 시간들	time spent with the people I love 사랑하는 사람들과 함께하는 시간

오늘의 문장 구조

some/any(약간의)로 말하기: 확실히 있을 때는 some(약간 있는), 있을지 없을지 불확실할 때는 any(혹시 있을 수도 있는)로 말해요.

1. 가족과 보내는 단순한 시간들 속에서 행복을 느껴.
   I feel happy in some simple moments with family.
2. 가족이나 친구들과 소소한 순간을 좀 보내?
   Do you get any simple moments with family and friends?
3. 행복하기 위해서 큰 성공이 꼭 필요하지 않아.
   I don't need any big success to be happy.

Vocabulary

happiness 행복　mean 의미하다　once 한때　simple 단순한
success 성공

15초 프리토킹 연습

다음 내용을 큰 소리로 말하면서 연습해 보세요.

사람들은 행복해지려고 열심히 일하고, 모두가 행복이 무엇을 의미하는지 정의하려 해. 나는 한때 승리와 다른 사람들보다 더 잘하는 것이 행복이라고 생각했어. 하지만 지금은 가족과 친구들과 보내는 단순한 시간들 속에서 행복을 느껴. 행복하기 위해서 큰 성공이 꼭 필요하지 않아. 나에게 행복은 내가 사랑하는 사람들과 함께하는 시간이야.

People work hard to be happy and everyone tries to say what happiness means. I once thought winning and doing better than others was happiness. Now I feel happy in some simple moments with family and friends. I don't need any big success to be happy. For me, happiness is time spent with the people I love.

실전 롤플레이 프리토킹

프롬프트 확인하기

People work hard to be happy.

맞아, 모두가 행복이 무엇을 의미하는지 정의하려 하지.

What do you think happiness is?

나는 한때 승리와 다른 사람들보다 더 잘하는 것이 행복이라고 생각했어.
하지만 지금은 가족과 친구들과 보내는 단순한 시간들 속에서 행복을 느껴.

Even without success?

행복하기 위해서 큰 성공이 꼭 필요하지 않아.
나에게 행복은 내가 사랑하는 사람들과 함께하는 시간이야.

Day 72 성공의 기준 The Standard of Success

오늘의 표현

have their own idea of success 자기만의 성공에 대한 생각이 있다	some say it's money 어떤 사람은 돈이라고 하다	others say it's fame 어떤 사람은 명성이라고 하다
mean nothing 아무 의미가 없다	**The Standard of Success**	lose our health 건강을 잃다
the first step to real success 진짜 성공으로 가는 첫걸음	grow each day 하루하루 성장하다	be curious about ~에 대해 궁금하다

오늘의 문장 구조

all(모든)로 말하기: all 뒤에 명사를 붙이거나, all of us(우리 모두)라는 표현으로 자주 써요.

1. 세상의 모든 목표도 건강을 잃으면 아무 의미가 없어.
   All the goals in the world mean nothing if we lose our health.
2. 우리 모두 하루하루 성장해 나갈 때 자부심을 느끼잖아.
   All of us feel proud as we grow each day.
3. 우리 모두 그 새로운 프로젝트에 대해 궁금해하고 있어.
   All of us are curious about the new project.

Vocabulary

success 성공 fame 명성 lose 잃다 feel proud 자부심을 느끼다
standard 기준

15초 프리토킹 연습

다음 내용을 큰 소리로 말하면서 연습해 보세요.

모든 사람들은 각자 자기만의 성공에 대한 생각이 있어. 어떤 사람은 돈이라고 하고, 어떤 사람은 명성이라고 해. 세상의 모든 목표도 건강을 잃으면 아무 의미가 없어. 나에게 건강은 진짜 성공으로 가는 첫걸음이거든. 우리 모두 건강하게 하루하루 성장해 나갈 때 자부심을 느끼잖아. 그게 바로 내가 생각하는 성공의 기준이야. 다른 사람들이 생각하는 성공의 기준도 궁금하네.

Everyone has their own idea of success. Some say it's money, and others say it's fame. All the goals in the world mean nothing if we lose our health. For me, health is the first step to real success. All of us feel proud as we grow each day in a healthy way. That's my standard of success. I'm curious about other people's standards of success.

실전 롤플레이 프리토킹

프롬프트 확인하기

What is the standard of success?

어떤 사람은 돈이라고 하고, 어떤 사람은 명성이라고 해.

What do you think?

나에게 건강은 진짜 성공으로 가는 첫걸음이거든.

Why do you think so?

우리 모두 건강하게 하루하루 성장해 나갈 때 자부심을 느끼잖아.

Day 73 돈과 삶의 관계 Money and Life

오늘의 표현

family is the most important thing 가족이 가장 중요하다	money is the most important 돈이 가장 중요하다	with enough money 돈이 충분하면
the house we want 우리가 원하는 집	**Money and Life**	do the work we like 좋아하는 일을 하다
very rich people 아주 부자인 사람들	unhappy 불행한	the exact link between money and life 돈과 삶의 정확한 상관관계

오늘의 문장 구조

most(대부분)로 말하기: most 다음에 명사를 붙이거나, most of us(우리 대부분은)라는 표현으로 자주 써요.

1. 대부분의 사람들은 가족이 가장 중요하다고 말해.
   Most people say family is the most important thing.
2. 대부분의 한국인들은 돈이 가장 중요하다고 생각해.
   Most Koreans think money is the most important.
3. 돈이 충분하면 우리 대부분은 원하는 집에서 살 수 있어.
   With enough money, most of us can live in the house we want.

Vocabulary

important 중요한 enough 충분한 rich 부유한 unhappy 불행한
exact 정확한 link 연결, 고리

15초 프리토킹 연습

다음 내용을 큰 소리로 말하면서 연습해 보세요.

> 많은 나라에서는 사람들이 가족이 가장 중요하다고 말해. 하지만 대부분의 한국인들은 돈이 가장 중요하다고 생각해. 돈이 충분하면 대부분 원하는 집에서 살며 좋아하는 일을 할 수 있어. 그래도 부자인 사람들 중에도 불행한 사람이 있어. 그래서 난 돈과 삶의 정확한 상관관계를 잘 모르겠어.

In many countries, people say family is the most important thing. But most Koreans think money is the most important. With enough money, most of us can live in the house we want and do the work we like. Still, some very rich people are unhappy. So I don't really know the exact link between money and life.

실전 롤플레이 프리토킹

프롬프트 확인하기

In many countries, people say family is the most important thing.

하지만 대부분의 한국인들은 돈이 가장 중요하다고 생각해.

Why is that?

돈이 충분하면 대부분 원하는 집에서 살며 좋아하는 일을 할 수 있어.

Still, some very rich people are unhappy.

그래서 난 돈과 삶의 정확한 상관관계를 잘 모르겠어.

Day 74 삶의 우선순위 Life Priorities

오늘의 표현

put work and money first 삶의 우선순위를 일과 돈벌이에 두다	put myself last 나 자신을 가장 마지막에 두다	If I made money quickly 돈을 빨리 벌면
both my family and I would be happy 나와 가족 모두 행복해질 거라 생각하다	**Life Priorities**	as I get older 나이가 들수록
working too hard 너무 열심히 일하는 것	push myself too much 나 자신을 너무 몰아붙이다	I want to make more time 시간을 더 내고 싶다

오늘의 문장 구조

both(둘 다)로 말하기: 두 개로 한정해서 말할 때 써야 해요. 뒤에 A and B를 붙여 그 두 개가 정확히 무엇인지 말할 수 있어요.

1. 나와 가족 모두 행복해질 거야.
   Both my family and I would be happy.
2. 나이가 들수록 휴식과 균형 모두를 더 중요하게 생각해.
   As I get older, I care more about both rest and balance.
3. 내 취미와 가족을 위한 시간을 더 갖고 싶어.
   I want to make more time for both my hobbies and family.

Vocabulary

priority 우선순위　used to ~하곤 했다　put 두다　myself 나 자신
anymore 더 이상

15초 프리토킹 연습

다음 내용을 큰 소리로 말하면서 연습해 보세요.

나는 예전엔 삶의 우선순위를 일과 돈벌이에 두고, 그다음은 가족, 마지막은 나 자신으로 뒀어. 돈을 빨리 벌면 나와 가족 모두 행복해질 거라 생각했지. 하지만 나이가 들수록 너무 열심히 일하는 게 더는 쉽지 않아. 이제는 나 자신을 너무 몰아붙이고 싶지 않아. 더 늦기 전에 내 취미와 가족을 위한 시간을 더 갖고 싶어.

I used to put work and money first, then family, and myself last. I thought if I made money quickly, both my family and I would be happy. But as I get older, working too hard isn't easy anymore. I don't want to push myself too much now. Before it's too late, I want to make more time for both my hobbies and family.

179

실전 롤플레이 프리토킹

프롬프트 확인하기

What's your priority in life?

나는 예전엔 삶의 우선순위를 일과 돈벌이에 두고,
그다음은 가족, 마지막은 나 자신으로 뒀어.

Why?

돈을 빨리 벌면 나와 가족 모두 행복해질 거라 생각했지.

How about now?

나이가 들수록 너무 열심히 일하는 게 더는 쉽지 않아.
이제는 나 자신을 너무 몰아붙이고 싶지 않아.

Day 75 자존감 Self-Esteem

오늘의 표현

become very popular 매우 유명해지다	confidence 자신감	pride 자존심
skill 능력	**Self-Esteem**	status 지위
self-worth 자기 존재 가치	worthless 가치가 없는	respect ourselves 자기 자신을 존중하다

오늘의 문장 구조

none(아무도 ~ 않다)으로 말하기: 보통 뒤에 복수 대명사가 오며, none of us(우리 중 아무도 아닌)라는 표현으로 자주 써요.

1. 우리 누구도 스스로에 대한 자신감을 잃어서는 안 돼.
   None of us should lose confidence in ourselves.
2. 우리 누구도 스스로를 가치가 없다고 생각해선 안 돼.
   None of us should think we are worthless.
3. 자존감이 없으면 우리 누구도 자기 자신을 존중할 수 없거든.
   Without self-esteem, none of us can respect ourselves.

Vocabulary

self-esteem 자존감　point 지점, 순간　popular 인기 있는, 유명한　different from ~과 다른
respect 존중하다

15초 프리토킹 연습

다음 내용을 큰 소리로 말하면서 연습해 보세요.

어느 순간부터 '자존감'이라는 단어가 매우 유명해졌어. 사람들은 그게 '자신감'이나 '자존심'과는 다르다고 말하지. 자신감은 능력에 관한 것이고, 자존심은 지위에 관한 것이며, 자존감은 자기 존재 가치에 관한 거야. 우리가 실패하더라도 누구도 스스로를 가치가 없다고 생각해선 안 돼. 자존감이 없으면 우리 누구도 자기 자신을 존중할 수 없거든.

At some point, the word 'self-esteem' became very popular. People say it's different from 'confidence' and 'pride.' Confidence is about skills, pride is about status, and self-esteem is about self-worth. Even if we fail, none of us should think we are worthless. Without self-esteem, none of us can respect ourselves.

실전 롤플레이 프리토킹

프롬프트 확인하기

At some point, the word 'self-esteem' became very popular.

맞아, 사람들은 그게 '자신감'이나 '자존심'과는 다르다고 말하지.

How is it different?

자신감은 능력에 관한 것이고, 자존심은 지위에 관한 것이며,
자존감은 자기 존재 가치에 관한 거야.

Can you explain a bit more?

우리가 실패하더라도 우리 누구도
스스로를 가치가 없다고 생각해선 안 돼.

Day 76 경쟁과 협력 Competition and Cooperation

오늘의 표현

competition is very strong 경쟁이 아주 치열하다	in schools and workplaces 학교와 직장에서	a few people succeed 몇몇 사람은 잘 나가다
many feel left behind 많은 사람들이 뒤처진다고 느끼다	**Competition and Cooperation**	grow fast 빠르게 성장하다
with more cooperation 더 많은 협력을 통해	less stressful 덜 힘든	more fair 더 공평한

오늘의 문장 구조

a few(아주 약간의)로 말하기: 셀 수 있는 단어에 쓰며 2~3개 정도뿐인 아주 적은 개수를 말할 때 써요.

1. 몇몇 사람은 잘 나가.

   A few people succeed.

2. 몇몇 학생들은 도움을 받으면 빠르게 성장해.

   A few students grow fast when they get support.

3. 몇 가지 변화를 주면 업무가 덜 힘들어질 수 있어.

   A few changes can make work less stressful.

Vocabulary

workplace 직장 succeed 성공하다 feel left behind 뒤처진다고 느끼다 competition 경쟁
cooperate 협력하다 fair 공정한

15초 프리토킹 연습

다음 내용을 큰 소리로 말하면서 연습해 보세요.

한국은 학교와 직장에서 경쟁이 아주 치열해. 몇몇 사람은 잘 나가지만, 많은 사람들은 뒤처진다고 느껴. 경쟁을 통해 빠르게 성장할 수 있는데 그건 맞는 말이야. 나는 사회가 경쟁이 아니라 협력할 수 있는 기회가 더 필요하다고 생각해. 협력이 많아지면 삶이 덜 힘들고 더 공평해질 수 있어. 그게 내가 바라는 변화야.

In Korea, competition is very strong in schools and workplaces. A few people succeed, but many feel left behind. We can grow fast through competition, and that's true. I think society needs more chances to cooperate, not just compete. With more cooperation, life can be less stressful and more fair. That's the change I hope to see.

실전 롤플레이 프리토킹

프롬프트 확인하기

In Korea, competition is very strong in schools and workplaces.

맞아, 몇몇 사람은 잘 나가지만, 많은 사람들은 뒤처진다고 느껴.

We can grow fast through competition.

나는 사회가 경쟁이 아니라 협력할 수 있는 기회가 더 필요하다고 생각해.

With more cooperation, life can be less stressful and more fair.

그게 내가 바라는 변화야.

Day 77 도전과 실패 Challenges and Failures

오늘의 표현

quit my job 회사를 그만두다	try YouTube 유튜브를 도전하다	start a business 창업하다
a little scared of failing 실패할까 봐 조금 두려운 것	**Challenges and Failures**	finally succeed 끝내 성공하다
become rich 부자가 되다	keep trying 계속 도전하다	a small step toward success 성공을 향한 작은 한 걸음

오늘의 문장 구조

a little(아주 약간의)로 말하기: 셀 수 없는 단어에 쓰며 액체나 추상적인 개념에 대해 아주 적은 양을 말할 때 써요.

1. 나는 좀 지쳐서 회사를 그만두고 싶어.
   I'm a little tired, so I want to quit my job.
2. 나는 실패할까 봐 조금 두려워.
   I'm a little scared of failing.
3. 처음엔 조금 두려웠지만 결국 성공했어.
   I was a little scared at first, but I finally succeeded.

Vocabulary

quit 그만두다 scared of ~을 두려워하다 billionaire 억만장자 finally 끝내
toward ~을 향한

15초 프리토킹 연습

다음 내용을 큰 소리로 말하면서 연습해 보세요.

나는 회사를 그만두고 유튜브나 창업에 도전해 보고 싶지만, 실패할까 봐 조금 두려워. 어느 날, 수많은 도전에도 실패를 한 어느 억만장자의 책을 읽었어. 그 사람은 마지막 도전에서 마침내 성공했고 부자가 되었지. 그 이야기를 통해 계속 도전하는 것이 중요하다는 걸 배웠어. 이제 나는 모든 도전이 성공을 향한 작은 한 걸음이 될 수 있다고 믿어.

I want to quit my job and try YouTube or start a business, but I'm a little scared of failing. One day, I read a book by a billionaire who had failed at every challenge. But on his last try, he finally succeeded and became rich. That story taught me it's important to keep trying. Now I believe every challenge can be a small step toward success.

실전 롤플레이 프리토킹

프롬프트 확인하기

Is there anything you want to try these days?

나는 회사를 그만두고 유튜브나 창업에 도전해 보고 싶지만,
실패할까 봐 조금 두려워.

Have you read any books about that?

응. 수많은 도전에도 실패를 한 어느 억만장자의 책을 읽었어.
그 사람은 마지막 도전에서 마침내 성공했고 부자가 되었지.

Did the book help you?

응. 그 이야기를 통해 계속 도전하는 것이 중요하다는 걸 배웠어.

Day 78 이상과 현실 Ideals and Reality

오늘의 표현

good pay 많은 월급	lots of free time 많은 여유로운 시간	in reality 현실에서
stay late at the office 회사에서 늦게까지 일하다	**Ideals and Reality**	want to study or exercise 공부나 운동을 하고 싶어 하다
enjoy small things 작은 순간들을 즐기다	fancy brunch 근사한 브런치	a short trip 짧은 여행

오늘의 문장 구조

many(많은)로 말하기: 셀 수 있는 단어 앞에서만 쓰며 개수가 아주 많을 때 써요.

1. 많은 사람들이 많은 월급을 주는 직업을 원해.

   Many people want a job with good pay.

2. 많은 직장인들이 회사에서 늦게까지 일하지.

   Many workers stay late at the office.

3. 많은 회사원들이 공부나 운동을 하고 싶어 하지만 너무 바빠.

   Many office workers want to study or exercise, but they're too busy.

Vocabulary

free time 여가 시간　reality 현실　exercise 운동하다　usually 보통
fancy 근사한

15초 프리토킹 연습

다음 내용을 큰 소리로 말하면서 연습해 보세요.

많은 사람들이 많은 월급을 주고 여유로운 시간을 가진 직업을 원해. 하지만 현실에서는 많은 직장인들이 회사에서 늦게까지 일하지. 공부를 하거나 운동을 하고 싶어 하지만, 보통은 그냥 잠자리에 들어. 그래서 나는 친구들과 근사한 브런치를 먹거나 가족과 짧은 여행을 가는 작은 순간들을 즐기려고 해. 그런 작은 것들이 꿈과 현실 사이에서 내 삶을 더 좋게 만들어 주거든.

Many people want a job with good pay and lots of free time. But in reality, many workers stay late at the office. They want to study or exercise, but usually just go to bed. So I try to enjoy small things, like having fancy brunch with friends or taking a short trip with family. Those little things make my life better between dreams and reality.

실전 롤플레이 프리토킹

프롬프트 확인하기

Many people want a job with good pay and lots of free time.

맞아, 하지만 현실에서는 많은 직장인들이 회사에서 늦게까지 일하지.

What do you usually do after work?

공부를 하거나 운동을 하고 싶어 하지만, 보통은 그냥 잠자리에 들어.

How can you enjoy life more in reality?

나는 친구들과 근사한 브런치를 먹거나 가족과 짧은 여행을 가는 작은 순간들을 즐기려고 해.

Day 79 성장과 안주 Growth and Comfort

오늘의 표현

keep working hard 계속 열심히 노력하다	to grow 성장하기 위해	live a comfortable life 편안한 삶을 살다
get out of our comfort zone 안주하는 곳에서 벗어나다	**Growth and Comfort**	work hard all the time 항상 열심히 일하다
rest 쉬다	growth 성장	move forward 앞으로 나아가다

오늘의 문장 구조

a lot of/lots of(많은)로 말하기: 셀 수 있는 단어뿐만 아니라 액체나 추상적인 개념처럼 셀 수 없는 단어가 아주 많은 양일 때도 쓸 수 있어요.

1. 많은 사람들이 편안한 삶을 살고 싶어 해.
   A lot of people want to live a comfortable life.
2. 많은 책에서는 안주하는 곳에서 벗어나야 한다고 해.
   A lot of books say we need to get out of our comfort zone.
3. 많은 한국인들은 항상 열심히 일해.
   Lots of Koreans work hard all the time.

Vocabulary

comfortable 편안한 | get out of ~을 벗어나다 | comfort zone 안주하는 곳
move forward 앞으로 나아가다 | in the long run 장기적으로는

15초 프리토킹 연습

다음 내용을 큰 소리로 말하면서 연습해 보세요.

나는 이런 생각을 자주 해. 계속 성장하기 위해 열심히 노력해야 할까, 아니면 그냥 편안하게 살아도 할까? 많은 책에서는 안주하는 곳에서 벗어나야 한다고 해. 하지만 항상 열심히만 할 수는 없지. 안주는 내가 쉴 수 있는 시간을 주고, 성장은 나를 앞으로 나아가게 해. 장기적으로는 성장하는 게 좋지만, 쉬는 것도 좋다고 생각해.

I often think about this: should we keep working hard to grow, or just live a comfortable life? A lot of books say we need to get out of our comfort zone. But I can't work hard all the time. Comfort gives me time to rest, and growth helps me move forward. In the long run, it's good to grow, but it's also good to rest.

실전 롤플레이 프리토킹

프롬프트 확인하기

Should we keep working hard to grow, or just enjoy a comfortable life?

많은 책에서는 안주하는 곳에서 벗어나야 한다고 해.
하지만 항상 열심히만 할 수는 없지.

So which one is better?

안주는 내가 쉴 수 있는 시간을 주고,
성장은 나를 앞으로 나아가게 해.

What do you think is right?

장기적으로는 성장하는 게 좋지만, 쉬는 것도 좋다고 생각해.

Day 80 인생의 의미 The Meaning of Life

오늘의 표현

sound big 거창하게 들리다	something we should think about 우리가 생각해 봐야 할 것	there's no right answer 정답이 없다
judge 판단하다	**The Meaning of Life**	better or worse 더 낫거나 못하다
turn bad 나쁜 일이 되다	turn good 좋은 일이 되다	stay positive 긍정적으로 살다

오늘의 문장 구조

at, on, in으로 말하기: at은 '지점'을, on은 '어느 표면 위에 붙거나, 관련된 것'을, in은 '큰 범위나 공간, 기간'을 나타낼 때 써요.

1. 결국 인생에 정답은 없어.

   At the end of the day, there's no right answer in life.

2. 겉으로 보이는 삶의 모습으로 사람을 판단하지 마.

   Don't judge people based on how their lives look.

3. 결국, 더 낫거나 못한 삶은 없어.

   At the end of the day, no life is truly better or worse.

Vocabulary

meaning 의미　sound ~처럼 들리다　from time to time 때때로, 가끔　tough 힘든
positive 긍정적인

15초 프리토킹 연습

다음 내용을 큰 소리로 말하면서 연습해 보세요.

'인생의 의미'라는 말은 거창하게 들리지만, 가끔은 우리가 생각해 봐야 할 주제라고 생각해. 많은 사람들이 결국 인생에는 정답이 없다고 말하는데, 나도 그 말에 동의해. 그래서 누구의 삶이 더 낫고 못하고를 판단할 필요는 없어. 좋은 일이 나쁜 일이 되기도 하고, 나쁜 일이 좋은 일이 되기도 하니까. 힘들 때는 나는 그냥 긍정적으로 살려고 해.

'The meaning of life' sounds big, but I think it's something we should think about from time to time. Many people say that, at the end of the day, there's no right answer in life, and I agree. So we don't need to judge whose life is better or worse. Good things can turn bad, and bad things can turn good. In tough times, I just try to stay positive.

실전 롤플레이 프리토킹

프롬프트 확인하기

'The meaning of life' sounds big, but I think it's something we should think about from time to time.

맞아, 많은 사람들이 결국 인생에는 정답이 없다고 말하는데, 나도 그 말에 동의해.

We don't need to judge whose life is better or worse.

네 말이 맞아. 좋은 일이 나쁜 일이 되기도 하고, 나쁜 일이 좋은 일이 되기도 하니까.

Then, what do you do when life is tough?

힘들 때는 나는 그냥 긍정적으로 살려고 해.

MP3 바로 듣기

PART 9

사회적 이슈

Social Issues

Day 81-90

Day 81 기술 격차 Digital Divide

오늘의 표현

one of the major issues 주요 과제 중 하나	benefit from fast Internet 빠른 인터넷으로 인해 혜택을 누리다	new device 새로운 기기
be left out of the digital world 디지털 세상에서 소외되다	**Digital Divide**	no access to it 접근하지 못함
the age of AI AI 시대	the gap 격차	use AI better AI를 더 잘 활용하다

오늘의 문장 구조

of로 말하기: of는 '전체와 그 안의 일부'를 연결해서 말할 때 써요. out of는 '그 전체에서 벗어난 상태'를 말할 때 써요.

1. 기술 격차는 우리 시대의 주요 과제 중 하나야.
   The digital divide is one of the major issues of our time.
2. 어떤 사람들은 디지털 세상에서 소외되어 거의 접근하지 못해.
   Some are left out of the digital world, with almost no access to it.
3. AI 시대가 시작되면서 그 격차는 더 커지고 있어.
   As the age of AI begins, the gap is growing wider.

Vocabulary

major 주요한	issue 과제	benefit from ~의 덕을 보다	device 기기
be left out of ~에서 제외되다	access 접근	age 시대	gap 격차

15초 프리토킹 연습

다음 내용을 큰 소리로 말하면서 연습해 보세요.

기술 격차는 우리 시대의 주요 과제 중 하나야. 많은 사람들이 빠른 인터넷과 새로운 기기의 혜택을 누려. 하지만 어떤 사람들은 디지털 세상에서 소외되어 거의 접근하지 못해. AI 시대가 시작되면서 그 격차는 더 커지고 있어. 이제는 누가 AI를 더 잘 활용하느냐의 문제야. AI를 잘 활용하는 방법에 대한 활발한 교육이 필요해.

The digital divide is one of the major issues of our time. Many people benefit from fast Internet and new devices. But some are left out of the digital world, with almost no access to it. As the age of AI begins, the gap is growing wider. Now, it's about who can use AI better. We need active education on how to use AI well.

실전 롤플레이 프리토킹

프롬프트 확인하기

The digital divide is one of the major issues of our time.

맞아, 많은 사람들이 빠른 인터넷과 새로운 기기의 혜택을 누려.
하지만 어떤 사람들은 디지털 세상에서 소외돼.

As the age of AI begins, the gap is growing wider.

이제는 누가 AI를 더 잘 활용하느냐의 문제야.

How can we make the gap smaller?

AI를 잘 활용하는 방법에 대한 활발한 교육이 필요해.

Day 82 가짜 뉴스 Fake News

오늘의 표현

everywhere 어디서나	with AI AI로	easy to create 쉽게 만들다
photos or videos that look real 진짜처럼 보이는 사진이나 영상	**Fake News**	get harder to tell 구분하는 게 점점 더 어려워지다
spread even faster 심지어 더 빨리 퍼지다	confuse people 사람들을 혼란스럽게 하다	clear judgment 명확한 판단력

오늘의 문장 구조

for, during으로 말하기: 둘 다 '동안에'라는 뜻으로 for은 얼마나 지속됐는지 '기간의 길이'를 강조하고, during은 '특정한 시기나 사건'에 그 일이 일어났음을 강조해요.

1. 꽤 오랫동안 무엇이 진짜인지 아는 게 점점 더 어려워지고 있어.
   For quite a long time, it has been getting harder to know what's true.
2. 한동안 AI로 가짜 콘텐츠를 쉽게 만들 수 있게 됐어.
   For a while now, it's easy to create fake content with AI.
3. 큰 사건이 있을 때는 가짜 뉴스가 더 빨리 퍼져.
   During big events, fake news spreads even faster.

Vocabulary

fake 가짜의　for quite a long time 꽤 오랫동안　tell 구분하다　spread 퍼지다
confuse 혼란스럽게 하다　judgment 판단력

15초 프리토킹 연습

다음 내용을 큰 소리로 말하면서 연습해 보세요.

> 요즘은 어디에서나 가짜 뉴스를 많이 보게 돼. AI로 사진이나 영상을 진짜처럼 쉽게 만들 수 있게 되었어. 꽤 오랫동안 무엇이 진짜이고 가짜인지 구분하는 게 점점 더 어려워지고 있어. 큰 사건이 있을 때는 가짜 뉴스가 더 빨리 퍼지고 사람들을 혼란스럽게 해. 그래서 우리는 무엇이 진짜인지 판단하는 능력이 필요해.

These days, we see a lot of fake news everywhere. With AI, it has become easy to create photos or videos that look real. For quite a long time, it has been getting harder to tell what's true and what's false. During big events, fake news spreads even faster and confuses people. That's why we need clear judgment to see what is real.

실전 롤플레이 프리토킹

프롬프트 확인하기

These days, we see a lot of fake news everywhere.

맞아, AI로 사진이나 영상을 진짜처럼 쉽게 만들 수 있게 되었어.

For quite a long time, it has been getting harder to tell what's true and what's false.

큰 사건이 있을 때는 가짜 뉴스가 더 빨리 퍼지고 사람들을 혼란스럽게 해.

How can we fix this?

그래서 우리는 무엇이 진짜인지 판단하는 능력이 필요해.

Day 83 정치에 대한 관심 Interest in Politics

오늘의 표현

good politics 훌륭한 정치	protect democracy 민주주의를 지키다	enough interest 충분한 관심
exercise our rights 우리의 권리를 행사하다	Interest in Politics	follow what's going on 무슨 일이 일어나는지 신경 쓰다
my own life 내 삶	more important than the country 나라보다 더 중요한	care a little about politics 정치에 조금은 관심을 가지다

오늘의 문장 구조

across, around로 말하기: across는 '가로질러 가는' 뉘앙스, around는 '주위를 돌거나 근처에 있는 상태'를 말할 때 써요.

1. 많은 나라에서 훌륭한 정치가 필요하다고 말해.

   Across many countries, people say we need good politics.

2. 전 세계적으로 많은 사람들이 민주주의를 지키려고 노력해.

   Across the world, many people try to protect democracy.

3. 주변에서 무슨 일이 일어나는지 항상 신경 쓰진 못해.

   I don't always follow what's going on around me.

Vocabulary

protect 지키다 democracy 민주주의 interest 관심 exercise (권리 등을) 행사하다
right 권리

15초 프리토킹 연습

다음 내용을 큰 소리로 말하면서 연습해 보세요.

많은 나라에서 민주주의를 지키기 위해 훌륭한 정치가 필요하다고 말해. 또 우리의 권리를 잘 행사하려면 정치에 대한 충분한 관심이 필요하지. 하지만 내가 일로 바쁠 때는 주변에서 무슨 일이 일어나는지 항상 신경 쓰진 못해. 가끔은 나라보다 내 삶이 더 중요하게 느껴지지만, 그래도 정치에 조금은 관심을 가지려고 해.

Across many countries, people say we need good politics to protect democracy. We also need enough interest in politics to exercise our rights well. But when I'm busy with work, I don't always follow what's going on around me. Sometimes my own life feels more important than the country, but I still try to care a little about politics.

실전 롤플레이 프리토킹

프롬프트 확인하기

Across many countries, people say we need good politics to protect democracy.

또 우리의 권리를 잘 행사하려면 정치에 대한 충분한 관심이 필요하지.

Do you care a lot about politics?

응, 하지만 내가 일로 바쁠 때는 주변에서 무슨 일이 일어나는지 항상 신경 쓰진 못해.

That's understandable.

가끔은 나라보다 내 삶이 더 중요하게 느껴지지만, 그래도 정치에 조금은 관심을 가지려고 해.

Day 84 물가 상승 Rising Costs

오늘의 표현

go up 오르다	over time 시간이 지나면서	prices rise slowly 물가가 천천히 오르다
feel comfortable spending more 돈을 더 쓰는 걸 편안하게 느끼다	Rising Costs	luxury item 명품
prices rise too fast 물가가 너무 빨리 오르다	low-inflation 저물가	high-inflation 고물가

오늘의 문장 구조

along, through로 말하기: along은 '어떤 길이나 방식을 함께 가는' 뉘앙스, through는 '어떤 과정을 통과해서'라는 뉘앙스로 써요.

1. 저물가 시대와 고물가 시대에 따라 우리의 라이프 스타일이 달라져.

   Our lifestyles change along with periods of low-inflation and high-inflation.

2. 나도 저물가 시대와 고물가 시대에 따라서 소비 습관이 달라져.

   My spending habits also change along with periods of low-inflation and high-inflation.

3. 사람들은 신중한 선택을 통해 소비를 줄이려 해.

   People try to spend less through careful choices.

Vocabulary

price 물가　rise 오르다　luxury 사치스러운, 호화로운　careful 신중한
period 기간, 시대

15초 프리토킹 연습

다음 내용을 큰 소리로 말하면서 연습해 보세요.

물가는 시간이 지나면서 항상 오르지만, 어떤 때는 천천히, 또 어떤 때는 아주 빨리 올라. 물가가 천천히 오를 때는 사람들은 명품도 사고, 돈을 더 쓰는 걸 편안하게 느껴. 하지만 물가가 너무 빨리 오를 때는 사람들은 신중한 선택을 통해 소비를 줄이려 해. 나도 저물가 시대와 고물가 시대에 따라서 소비 습관이 달라져.

Prices always go up over time, but sometimes slowly and sometimes very fast. When prices rise slowly, people feel comfortable spending more, even on luxury items. But when prices rise too fast, people try to spend less through careful choices. My spending habits also change along with periods of low-inflation and high-inflation.

실전 롤플레이 프리토킹

프롬프트 확인하기

Prices always go up over time, but sometimes slowly and sometimes very fast.

맞아, 물가가 천천히 오를 때는 사람들은 돈을 더 쓰는 걸 편안하게 느껴.

What about the opposite?

사람들은 신중한 선택을 통해 소비를 줄이려 해.

Do spending habits change with prices?

맞아. 나도 저물가 시대와 고물가 시대에 따라서 소비 습관이 달라져.

Day 85 환경 오염 Environmental Pollution

오늘의 표현

suffer from ~로부터 고통받다	caused by ~로부터 초래된	be in danger 위험에 빠지다
human activity 인간 활동	**Environmental Pollution**	how serious 얼마나 심각한지
damage 피해	too great to repair 너무 커서 회복하기 힘든	recycling and saving power 재활용과 전기 절약

오늘의 문장 구조

by, until로 말하기: by는 '그 시점까지 완료되는 것'을, until은 '그 시점까지 계속되는 것'을 말해요.

1. 일부 사람들은 그 일이 자기에게 닥치기 전까지는 얼마나 심각한지 알지 못해.
   Some people don't see how serious the problem is until it happens to them.

2. 되돌리기엔 너무 늦은 순간까지도 그게 얼마나 심각한지 몰랐어.
   I didn't know how serious it was until it was too late to fix it.

3. 우리가 알아차렸을 때는 피해가 너무 커서 회복하기 힘든 경우가 많아.
   By the time we notice, the damage is often too great to repair.

Vocabulary

earth 지구 / pollution 오염 / cause 초래하다 / serious 심각한
notice 알아차리다 / recycling 재활용

15초 프리토킹 연습

다음 내용을 큰 소리로 말하면서 연습해 보세요.

지구는 자동차, 공장, 쓰레기에서 나오는 오염에 의해 고통받고 있어. 많은 강과 숲이 인간의 활동으로 인해 위험에 처해 있지. 일부 사람들은 그 일이 자기에게 닥치기 전까지는 얼마나 심각한지 알지 못해. 우리가 알아차렸을 때는 피해가 너무 커서 회복하기 힘든 경우가 많아. 그래서 재활용이나 전기 절약 같은 작은 행동이 중요해.

The earth is suffering from pollution caused by cars, factories, and waste. Many rivers and forests are in danger because of human activity. Some people don't see how serious the problem is until it happens to them. By the time we notice, the damage is often too great to repair. That's why small actions like recycling and saving energy are important.

실전 롤플레이 프리토킹

프롬프트 확인하기

The earth is suffering from pollution caused by cars, factories, and waste.

맞아, 많은 강과 숲이 인간의 활동으로 인해 위험에 처해 있지.

Some people don't see how serious the problem is until it happens to them.

우리가 알아차렸을 때는 피해가 너무 커서 회복하기 힘든 경우가 많아.

So, what should we do?

그래서 재활용이나 전기 절약 같은 작은 행동이 중요해.

Day 86 타인과의 비교 Me vs. Others

오늘의 표현

care a lot 많이 신경 쓰다	how others see them 남들이 자기를 어떻게 보는지	before the smartphone era 스마트폰 시대 이전
at school or work 학교나 직장에서	Me vs. Others	after the rise of social media SNS가 부상한 이후
push me to grow 성장하도록 밀어주다	too stressful 너무 스트레스가 되다	not to lose myself 나 자신을 잃지 않으려고

오늘의 문장 구조

before, after로 말하기: before은 '특정 시점보다 이전'을 after은 '그 시점보다 이후'를 말할 때 써요.

1. 스마트폰 시대 이전에는 사람들이 주로 학교나 직장에서 비교했어.

   Before the smartphone era, people mostly compared themselves with others at school or work.

2. SNS가 부상한 이후에는 다른 사람들과 나를 비교하는 게 너무 스트레스야.

   After the rise of social media, comparing myself to others is too stressful.

3. SNS가 부상한 이후에는 그것은 일상 속의 당연한 일이 됐지.

   After the rise of social media, it became a normal part of daily life.

Vocabulary

care 신경 쓰다　era 시대　rise 부상　normal 당연한, 평범한
daily life 일상 생활

15초 프리토킹 연습

다음 내용을 큰 소리로 말하면서 연습해 보세요.

> 한국에서는 남들이 자기를 어떻게 보는지 신경을 많이 써. 스마트폰 시대 이전에는 사람들이 주로 학교나 직장에서 비교했어. SNS가 부상한 이후에는 다른 사람과 비교하는 것이 일상 속의 당연한 일이 됐지. 그게 나를 성장하도록 밀어줄 수도 있지만, 너무 큰 스트레스가 될 수도 있어. 그래서 나는 나 자신을 잃지 않으려고 해.

In Korea, people care a lot about how others see them. Before the smartphone era, people mostly compared themselves with others at school or work. After the rise of social media, comparing yourself to others became a normal part of daily life. It can push me to grow, but it can also be too stressful. So I try not to lose myself.

실전 롤플레이 프리토킹

프롬프트 확인하기

In Korea, people care a lot about how others see them.

맞아, 스마트폰 시대 이전에는 사람들이 주로 학교나 직장에서 비교했어.

How about now?

SNS가 부상한 이후에는 다른 사람과 비교하는 것이 일상 속의 당연한 일이 됐지.

Is there any good side to it?

그게 나를 성장하도록 밀어줄 수도 있지만, 너무 큰 스트레스가 될 수도 있어.

Day 87 인공지능 시대 Artificial Intelligence

오늘의 표현

I've heard about AI 나는 AI에 대해 들었다	since I was little 내가 어렸을 때부터	worry about losing their jobs 일자리를 잃을까 걱정하다
AI makes life easier AI가 삶을 더 쉽게 만든다	**Artificial Intelligence**	there can be problems 문제들이 있을 수 있다
we never expected 우리는 예상하지 못했다	under control 통제되는	improve our lives 우리의 삶을 개선하다

오늘의 문장 구조

behind, under로 말하기: behind는 '뒤쪽에 숨겨져 있는' 뉘앙스, under은 '아래쪽에 그림자가 진 공간' 또는 '어떤 상태 하에'를 말할 때 써요.

1. 새로운 기술 뒤에는 일자리를 잃을까 걱정하는 사람들이 있어.
   Behind new technology, some people worry about losing their jobs.
2. 새로운 기술 뒤에는 우리가 예상하지 못한 문제들이 있을 수 있어.
   Behind new technology, there can be problems we never expected.
3. 잘 통제하면 AI는 정말 우리 삶을 개선해 줄 거야.
   If we keep it under control, AI can really improve our lives.

Vocabulary

expect 예상하다　worry about ~에 대해 걱정하다　technology 기술　keep ~ 상태를 유지하다
improve 향상시키다, 개선하다

15초 프리토킹 연습

다음 내용을 큰 소리로 말하면서 연습해 보세요.

나는 어렸을 때부터 AI에 대해 들었지만, 이렇게 빨리 올 줄은 예상 못 했어. AI가 등장하면서 많은 사람들이 일자리를 잃을까 걱정해. 하지만 어떤 사람들은 AI가 삶을 더 쉽고 빠르게 만든다고 해. 새로운 기술 뒤에는 우리가 예상하지 못한 문제들이 있을 수 있어. 하지만 잘 통제하면 AI는 정말 우리 삶을 개선해 줄 거야.

I've heard about AI since I was little, but I didn't expect it to come this fast. Now that AI is here, many people worry about losing their jobs. But some say AI makes life easier and faster. Behind new technology, there can be problems we never expected. But if we keep it under control, AI can really improve our lives.

실전 롤플레이 프리토킹

프롬프트 확인하기

How's it living in the age of AI?

나는 어렸을 때부터 AI에 대해 들었지만,
이렇게 빨리 올 줄은 예상 못 했어.

Is that good or bad?

많은 사람들이 일자리를 잃을까 걱정해.
하지만 어떤 사람들은 AI가 삶을 더 쉽고 빠르게 만든다고 해.

There can be problems we never expected.

맞아, 하지만 잘 통제하면 AI는 정말 우리 삶을 개선해 줄 거야.

Day 88 저출산 Low Birth Rate

오늘의 표현

a big problem 큰 문제	Korea's economy 한국의 경제	growth 경제 성장
slow down 느려지다	**Low Birth Rate**	government 정부
childcare support 육아 지원	newborn 신생아	raising children 아이를 키우는 것

오늘의 문장 구조

up, down로 말하기: up은 '위쪽으로 향하거나 증가하는' 뉘앙스, down은 '아래쪽으로 향하거나 감소하는' 뉘앙스를 말할 때 써요.

1. 정부는 출생아 수가 늘어나길 바라.
   The government hopes the number of newborns will go up.

2. 한국의 출산율은 해마다 계속 떨어지고 있어.
   Korea's birth rate keeps going down every year.

3. 경제 성장은 둔화될 거야.
   Growth will slow down.

Vocabulary

birth rate 출산율 　economy 경제 　provide 제공하다 　the number of ~의 수
raise 양육하다

15초 프리토킹 연습

다음 내용을 큰 소리로 말하면서 연습해 보세요.

> 한국의 출산율은 해마다 계속 떨어지고 있어. 이건 한국의 경제에 큰 문제가 돼. 미래에는 소비하는 사람이 줄어들어 경제 성장도 둔화될 거야. 정부는 육아 지원을 제공하고 신생아 수가 곧 늘어나길 바라지만, 쉽지 않아. 많은 사람들이 아이를 키우는 것이 너무 힘들다고 생각하거든.

Korea's birth rate keeps going down every year. This is a big problem for Korea's economy. In the future, fewer people will spend money, and growth will slow down. The government provides childcare support and hopes the number of newborns will go up soon, but it's not easy. Many people think raising children is too hard.

실전 롤플레이 프리토킹

프롬프트 확인하기

Korea has a serious low birth rate problem, right?

맞아. 한국의 출산율은 해마다 계속 떨어지고 있어.

What problems will happen in the future?

소비하는 사람이 줄어들어 경제 성장도 둔화될 거야.

What is the government doing about it?

정부는 육아 지원을 제공하지만, 쉽지 않아.

Day 89 일자리 대체 Job Replacement

오늘의 표현

as technology advances 기술이 발전함에 따라	be replaced by ~으로 대체되다	new tools 새로운 도구
opportunities are going down 기회가 줄어들다	**Job Replacement**	come into the workplace 직장에 들어오다
need to keep learning 계속 배워야 한다	look forward to the future 미래를 바라보다	stay open 열려 있다

오늘의 문장 구조

to, into로 말하기: to는 '쪽으로'라는 뜻으로 방향이나 목적지를, into는 '안쪽으로'라는 뜻으로 안으로 들어가는 동작을 말할 때 써요.

1. 우리는 계속 배우며 미래를 바라봐야 해.
   We need to keep learning and look forward to the future.

2. 나는 늘 새로운 시스템에 열려 있을 거야.
   I'll always stay open to new systems.

3. 새로운 도구가 직장에 들어와.
   New tools come into the workplace.

Vocabulary

technology 기술 advance 발전하다 workplace 직장 for example 예를 들어
look forward to ~을 바라다

15초 프리토킹 연습

다음 내용을 큰 소리로 말하면서 연습해 보세요.

기술이 발전함에 따라 더 많은 일자리가 기계로 대체되고 있어. 많은 근로자들은 새로운 도구가 직장에 들어올 때 기회가 줄어든다고 느끼지. 예를 들어, AI는 단순한 사무나 공장 일을 대신 할 수 있잖아. 우리는 계속 배우며 미래를 바라봐야 해. 나는 늘 새로운 시스템에 열려 있을 거야.

As technology advances, more jobs are being replaced by machines. Many workers feel their opportunities are going down when new tools come into the workplace. For example, AI can do simple office work or factory jobs. We need to keep learning and look forward to the future. I'll always stay open to new systems.

실전 롤플레이 프리토킹

프롬프트 확인하기

As technology advances, more jobs are being replaced by machines.

맞아, 많은 근로자들은 기회가 줄어든다고 느껴.

For example, AI can do simple office work or factory jobs.

그래서 우리는 계속 배우며 미래를 바라봐야 해.

Aren't you worried?

나는 늘 새로운 시스템에 열려 있을 거야.

Day 90 100세 시대 Living to 100

오늘의 표현

the age of 100 100세 시대	**as lifespans get longer** 수명이 늘어나면서	**look so much younger** 훨씬 젊어 보이다
sick people can live long 병든 사람도 오래 살 수 있다	**Living to 100**	**stay active** 활발하게 지내다
slow aging 노화를 늦추다 / 저속 노화	**live a long life** 오래 살다	**stay healthy and young** 건강하고 젊은 상태를 유지하다

오늘의 문장 구조

very(매우), so(정말)로 말하기: very는 객관적으로 강조할 때, so는 놀란 감정을 표현할 때 써요.

1. 100세 시대에는 건강을 유지하는 게 매우 중요해.
   In the age of 100, staying healthy is very important.
2. 나이보다 훨씬 젊어 보이는 사람들이 많아.
   Many people look so much younger than their age.
3. 요즘 사람들은 저속 노화에 정말 많이 신경 써.
   People care so much about slow aging these days.

Vocabulary

age 시대 / lifespan 수명 / active 활발한 / aging 노화
through ~을 통해 / healthy 건강한

15초 프리토킹 연습

다음 내용을 큰 소리로 말하면서 연습해 보세요.

요즘은 '100세 시대'라는 말을 자주 해. 수명이 늘어나면서 나이보다 훨씬 젊어 보이는 사람들도 많아. 의학이 발전해서 병든 사람도 이제는 오래 살 수 있어. 이제 많은 사람들이 운동을 하며 활발하게 지내고, 노화를 늦추려 해. 나도 건강하고 젊은 상태로 아주 오래 살고 싶어.

These days, people often talk about 'the age of 100.' As lifespans get longer, many people look so much younger than their age. With better medical care, even sick people can live long now. Now, many people try to stay active and slow aging through exercise. I also want to live a long life and stay healthy and young.

실전 롤플레이 프리토킹

프롬프트 확인하기

These days, people often talk about 'the age of 100.'

맞아, 수명이 늘어나면서 나이보다 훨씬 젊어 보이는 사람들도 많아.

With better medical care, even sick people can live long now.

이제 많은 사람들이 운동을 하며 활발하게 지내고, 노화도 늦추려 해.

How about you?

나도 건강하고 젊은 상태로 아주 오래 살고 싶어.

15:55
MP3 바로 듣기

PART 10

미래 계획

Future Plans

Day 91-100

Day 91 자아 실현 Personal Fulfillment

오늘의 표현

the highest goal 가장 높은 목표	going to work 회사에 다니는 것	doesn't feel enough 충분하지 않다고 느끼다
to reach that level 그 단계에 도달하려면	**Personal Fulfillment**	what I really want 내가 진짜 원하는 게 무엇인지
happy enough 충분히 행복한	with my life 내 삶에	find my true self 진짜 나 자신을 찾다

오늘의 문장 구조

enough(충분한)로 말하기: 너무 많지도, 부족하지도 않은 '적당함'을 표현할 때 써요. 충분해서 더는 필요 없다는 뉘앙스예요.

1. 나에게는 회사에 다니는 것만으로는 충분하지 않아.
   For me, going to work alone doesn't feel enough.

2. 단순히 직업이 있는 것만으로는 나한테 충분하지 않아.
   Just having a job doesn't feel enough for me.

3. 내 삶이 충분히 행복할 거야.
   I'll be happy enough with my life.

Vocabulary

theory 이론   goal 목표   self-fulfillment 자아 실현   reach 도달하다
keep -ing 계속해서 ~하다

15초 프리토킹 연습

다음 내용을 큰 소리로 말하면서 연습해 보세요.

매슬로우의 이론에 따르면, 인간의 가장 높은 목표는 자아 실현이래. 단순히 직업이 있고 회사를 다니는 것만으로는 나한테 충분하지 않아. 그 단계에 도달하려면 내가 진짜 원하는 게 뭔지 알아야 하는데, 아직 잘 모르겠어. 그걸 찾으면 내 삶이 충분히 행복할 것 같아. 그때까지는 진짜 나 자신을 찾기 위해 계속 노력할 거야.

Maslow's theory says that the highest human goal is self-fulfillment. Just having a job and going to work doesn't feel enough for me. To reach that level, I need to know what I really want, but I'm not sure yet. When I find it, I think I'll be happy enough with my life. Until then, I'll keep trying to find my true self.

실전 롤플레이 프리토킹

프롬프트 확인하기

Maslow's theory says that the highest human goal is self-fulfillment.

맞아, 단순히 직업이 있고 회사를 다니는 것만으로는 나한테 충분하지 않아.

So, what should we do?

그 단계에 도달하려면 내가 진짜 원하는 게 뭔지 알아야 하는데, 아직 잘 모르겠어.

It's important to keep finding what you want, right?

네 말이 맞아. 그때까지는 진짜 나 자신을 찾기 위해 계속 노력할 거야.

Day 92 재테크 Investment

오늘의 표현

invest in stocks 주식에 투자하다	real estate 부동산	most people around me 대부분의 내 주변 사람들
seemed too complicated 너무 복잡해 보이다	**Investment**	step by step 조금씩
benefit 장점	regular salary 월급	keep it up 꾸준히 하다

오늘의 문장 구조

too ~ to ~(너무 ~해서 ~한)로 말하기: 지나쳐서 불가능하다는 것을 표현할 때 쓰며, 아쉬움과 불편함을 전하는 뉘앙스예요.

1. 시도하기엔 너무 복잡해 보였어.
   It seemed too complicated to try.

2. 내 주변 대부분의 사람들은 그걸 계속하기가 너무 힘들다고 생각해.
   Most people around me think it's too hard to keep it up.

3. 바빠서 여전히 집중해서 하지는 못해.
   I'm still too busy to focus on it.

Vocabulary

invest 투자하다　stock 주식　complicated 복잡한　realize 깨닫다
focus on ~에 집중하다

15초 프리토킹 연습

다음 내용을 큰 소리로 말하면서 연습해 보세요.

요즘 많은 사람들이 주식이나 부동산에 투자하고 있어. 나는 예전에는 전혀 하지 않았어. 하지만 주변 사람들이 다 하길래 나도 최근에 시작했어. 처음엔 너무 복잡해 보여서 시도하기 어려웠지만, 조금씩 배우면 된다는 걸 알았어. 바빠서 여전히 집중해서 하지는 못하지만, 월급 외의 수입이 생긴다는 장점이 있어. 꾸준히 해 보려고 해.

A lot of people invest in stocks or real estate these days. I didn't invest at all before. But since most people around me are doing it, I started recently. At first, it seemed too complicated to try, but I realized I could learn step by step. I'm still too busy to focus on it, but there's the benefit outside of my regular salary. I'll try to keep it up.

실전 롤플레이 프리토킹

프롬프트 확인하기

A lot of people invest in stocks or real estate these days.

맞아. 나는 예전에는 전혀 하지 않았지만, 최근에 시작했어.

How is it going?

처음엔 너무 복잡해 보여서 시도하기 어려웠지만,
조금씩 배우면 된다는 걸 알았어.

Do you plan to keep doing it?

바빠서 여전히 집중해서 하지는 못하지만, 꾸준히 해 보려고 해.

Day 93 파이어족 Early Retirement Goals

오늘의 표현

FIRE lifestyle 파이어족 라이프 스타일	saving 저축	investing 투자
retire early 일찍 은퇴하다	**Early Retirement Goals**	live freely 자유롭게 살다
have more free time 더 많은 자유 시간을 가지다	money isn't everything 돈이 전부는 아니다	without worrying about work 일 걱정 없이

오늘의 문장 구조

always(항상), usually(주로)로 말하기: always는 빈도상 예외 없이 100% 늘 일어나는 일, usually는 80~90% 정도로 발생하는 일에 써요.

1. 나는 항상 일찍 은퇴하고 싶었어.
   I always wanted to retire early.
2. 항상 더 많은 자유 시간을 꿈꿔.
   I always dream of having more free time.
3. 나는 평소에 파이어족 라이프 스타일에 대한 사람들의 이야기를 들어.
   I usually hear people talking about the FIRE lifestyle.

Vocabulary

retire 은퇴하다　freely 자유롭게　dream of ~을 꿈꾸다　choice 선택권
someday 언젠가는

15초 프리토킹 연습

다음 내용을 큰 소리로 말하면서 연습해 보세요.

> 나는 평소에 파이어족 라이프 스타일에 대한 사람들의 이야기를 들어. 일찍 은퇴해서 자유롭게 살기 위해 저축하고 투자하는 걸 말해. 내가 그렇게 빨리 은퇴할 수 있을지는 모르지만, 항상 더 많은 자유 시간을 꿈꿔. 돈이 전부는 아니지만, 인생에서 선택의 폭을 넓혀 주지. 언젠가는 일 걱정 없이 자유롭게 살고 싶어.

I usually hear people talking about the FIRE lifestyle. It means saving and investing to retire early and live freely. I'm not sure if I can retire that early, but I always dream of having more free time. Money isn't everything, but it gives me choices in life. Someday, I hope to live freely without worrying about work.

실전 롤플레이 프리토킹

프롬프트 확인하기

Do you know about the FIRE?

응, 일찍 은퇴해서 자유롭게 살기 위해 저축하고 투자하는 걸 말해.

Does it sound good to you?

내가 그렇게 빨리 은퇴할 수 있을지는 모르지만,
항상 더 많은 자유 시간을 꿈꿔.

Do you want to do it too?

물론이지. 언젠가는 일 걱정 없이 자유롭게 살고 싶어.

Day 94 살고 싶은 집 Dream House

오늘의 표현

imagine 상상하다	the house I want to live in 내가 살고 싶은 집	a big house 큰 집
by the sea 바닷가 옆의	**Dream House**	large apartment 대형 아파트
in a good school district 학군이 좋은	community gym 아파트 단지 내 헬스장	apartment lottery 아파트 분양

오늘의 문장 구조

often(종종), sometimes(가끔)로 말하기: often은 빈도상 60~70%로 꽤 자주 일어나는 일, sometimes는 30~40%로 가끔 발생하는 일에 써요.

1. 나는 내가 살고 싶은 집을 종종 상상해.
   I often imagine the house I want to live in.
2. 나는 학군이 좋은 대형 아파트를 자주 바라곤 해.
   I often wish for a large apartment in a good school district.
3. 가끔은 바닷가 옆의 큰 집을 꿈꿔.
   Sometimes I dream of a big house by the sea.

Vocabulary

sometimes 가끔은　dream of ~을 꿈꾸다　district 지역　work out 운동하다
luck 운

15초 프리토킹 연습

다음 내용을 큰 소리로 말하면서 연습해 보세요.

나는 내가 살고 싶은 집을 종종 상상해. 가끔은 바닷가 옆의 큰 집을 꿈꾸지만, 현실적으로는 아이들을 위해 학군이 좋은 신축 대형 아파트에 살고 싶어. 아파트 단지 안에 헬스장이 있어서 언제든 운동할 수 있다면 정말 좋을 것 같아. 그런 집을 얻으려면 운이 좋아 분양을 받거나 돈을 많이 모아야겠지.

I often imagine the house I want to live in. Sometimes I dream of a big house by the sea, but in real life, I'd like to live in a new, large apartment in a good school district for my children. It would be great if the apartment had a community gym, so I could work out anytime. I'll need some luck to win an apartment lottery or save a lot of money.

실전 롤플레이 프리토킹

프롬프트 확인하기

Do you have a house you want to live in?

아이들을 위해 학군이 좋은 신축 대형 아파트에 살고 싶어.

What else do you want?

아파트 단지 안에 헬스장이 있다면 정말 좋을 것 같아.

How can you get it?

그런 집을 얻으려면 운이 좋아 분양을 받거나 돈을 많이 모아야겠지.

Day 95 경제적 자유 Financial Freedom

오늘의 표현

live only on my salary 내 월급만으로 살다	make money 돈을 벌다	from rent or stocks 월세나 주식으로
without working 일을 하지 않고	**Financial Freedom**	that kind of life was real 그런 삶이 진짜 가능했다
if I could live like that 나도 그렇게 살 수 있을지	sound like a dream 꿈만 같다	want to try 도전해 보고 싶다

오늘의 문장 구조

ever(언젠가), never(결코 ~한 적 없는)로 말하기: ever은 지금까지의 경험 또는 앞으로 일어날 가능성에 대해 말할 때 써요. never은 지금까지도 없었고, 앞으로도 절대 없을 거란 뉘앙스예요.

1. 일을 하지 않고 사는 게 가능하다고는 전혀 생각하지 않았어.
   I never thought living without working was possible.
2. 예전엔 그런 삶이 진짜 가능하다고 한 번도 생각 안 했어.
   I never thought that kind of life was real before.
3. 지금은 나도 언젠가 그렇게 살 수 있을까 궁금해.
   Now I wonder if I could ever live like that someday.

Vocabulary

normal 당연한	salary 월급	saving 저축	rent 월세
stock 주식	wonder 궁금하다	someday 언젠가	

15초 프리토킹 연습

다음 내용을 큰 소리로 말하면서 연습해 보세요.

예전엔 월급과 저축으로만 사는 게 당연하다고 생각했어. 하지만 요즘은 책에서 '경제적 자유'라는 말을 자주 봐. 그건 일을 하지 않아도 월세나 주식으로 돈을 버는 걸 말하지. 예전엔 그런 삶이 진짜 가능하다고 한 번도 생각 안 했어. 지금은 나도 언젠가 그렇게 살 수 있을까 궁금해. 꿈 같지만, 정말 한번 도전해 보고 싶게 만들어.

I used to think it was normal to live only on my salary and savings. But these days, I read a lot about financial freedom in books. It means making money from rent or stocks without working. I never thought that kind of life was real before. Now I wonder if I could ever live like that someday. It sounds like a dream, but it really makes me want to try.

실전 롤플레이 프리토킹

프롬프트 확인하기

Have you heard of financial freedom?

응! 요즘은 책에서 '경제적 자유'라는 말을 자주 봐.

What exactly does it mean?

그건 일을 하지 않아도 월세나 주식으로 돈을 버는 걸 말하지.

It must be hard, right?

꿈 같지만, 정말 한번 도전해 보고 싶게 만들어.

Day 96 어릴 적 꿈 Childhood Dreams

오늘의 표현

when I was little 어릴 때	have so many dreams 꿈이 정말 많다	I wanted to be ~가 되고 싶었다
as I grew up 자라면서	**Childhood Dreams**	fade away 사라지다
still remember 아직 기억한다	my future 내 미래	be still inside me 아직 내 안에 남아 있다

오늘의 문장 구조

already(이미), still(여전히)로 말하기: already는 기대한 시점보다 빠르게 일이 끝났을 때 써요. still은 상황이 변하지 않고 계속될 때 말해요.

1. 나는 이미 꿈이 정말 많았어.
   I already had so many dreams.
2. 어렸을 때 선생님이 되고 싶어 했던 게 아직도 기억나.
   I still remember I wanted to be a teacher when I was little.
3. 내 어릴 적 꿈이 아직 내 안에 남아 있어.
   My childhood dream is still inside me.

Vocabulary

at the same time 동시에 remember 기억하다 future 미래 a part of ~의 한 부분
inside ~의 안에

15초 프리토킹 연습

다음 내용을 큰 소리로 말하면서 연습해 보세요.

> 어릴 때 나는 이미 꿈이 정말 많았어. 선생님, 예술가, 심지어 과학자까지 동시에 되고 싶었지. 자라면서 어떤 꿈은 바뀌고, 어떤 꿈은 그냥 사라졌어. 그래도 내 미래를 생각했을 때 설레던 그 기분은 아직도 기억해. 어쩌면 내 어릴 적 꿈의 한 조각이 아직 내 안에 남아 있는지도 몰라.

When I was little, I already had so many dreams. I wanted to be a teacher, an artist, and even a scientist at the same time. As I grew up, some of those dreams changed, and others just faded away. But I still remember how excited I felt when I thought about my future. Maybe a part of my childhood dreams is still inside me.

실전 롤플레이 프리토킹

프롬프트 확인하기

What was your childhood dream?

선생님, 예술가, 심지어 과학자까지 동시에 되고 싶었지.

Did your dreams change as you grew up?

어떤 꿈은 바뀌고, 어떤 꿈은 그냥 사라졌어.

How do you feel when you think about your childhood dreams?

내 미래를 생각했을 때 설레던 그 기분은 아직도 기억해.

Day 97 현재의 꿈 Current Goals

오늘의 표현

my current dreams 내 현재 꿈	real 현실적인	stay healthy 건강하게 지내다
nothing else matters 아무것도 중요하지 않다	**Current Goals**	financial freedom 경제적 자유
without worrying about money 돈 걱정 없이	enjoy life 인생을 즐기다	for a long time 오래도록

오늘의 문장 구조

yet(아직)으로 말하기: not이 들어간 부정문의 맨 뒤에 붙여 아직 이뤄지지 않은 일을 말할 때 써요.

1. 아직 그 단계에 이르지 못했어.

   I'm not there yet.

2. 아직 모든 목표를 이루진 못했어.

   I haven't reached all my goals yet.

3. 아직 인생을 제대로 즐기지 못했어.

   I haven't really enjoyed life yet.

Vocabulary

current 현재의　real 현실적인　healthy 건강하게　matter 중요하다
financial 경제적인

15초 프리토킹 연습

다음 내용을 큰 소리로 말하면서 연습해 보세요.

내 현재의 꿈은 크진 않지만 현실적이야. 첫째는 건강이야. 아플 때는 다른 건 아무것도 중요하지 않게 느껴져. 둘째는 경제적 자유야. 아직 그 단계에 이르진 못했지만, 돈 걱정 없이 살고 싶어. 마지막으로 가족과 친구들과 오래도록 인생을 즐기고 싶어. 아직 모든 목표를 이루진 못했지만, 언젠가는 이룰 거야.

My current dreams aren't big, but they're real. First, I want to stay healthy. Nothing else matters when I'm sick. Second, I want financial freedom. I'm not there yet, but I hope to live without worrying about money. Lastly, I want to enjoy life with my family and friends for a long time. I haven't reached all my goals yet, but I will someday.

실전 롤플레이 프리토킹

프롬프트 확인하기

What dream do you have now?

첫째는 건강이야. 아플 때는 다른 건 아무것도 중요하지 않게 느껴져.

And the second?

둘째는 경제적 자유야.
아직 그 단계에 이르진 못했지만, 돈 걱정 없이 살고 싶어.

And the third?

가족과 친구들과 오래도록 인생을 즐기고 싶어.

Day 98 버킷리스트 Bucket List

오늘의 표현

be full of big dreams 큰 꿈들로 가득하다	travel around the world 세계 여행을 하다	meet famous people 유명인을 만나다
chase a dream 꿈을 좇다	**Bucket List**	my bucket list 내 버킷리스트
master English speaking 영어 회화를 마스터하다	learn how to dance 춤을 배우다	achieve 이루다

오늘의 문장 구조

anymore/any longer(더 이상 ~않는)로 말하기: 이전에는 그랬지만 지금은 아닌 변화된 상태를 표현하며 문장 마지막에 써요.

1. 그런 큰 꿈들은 더 이상 좇지 않아.
   I don't chase such big dreams anymore.

2. 나는 더 이상 버킷리스트가 없어.
   I don't have a bucket list anymore.

3. 이제는 일만 하고 싶지 않아.
   I don't want to just keep working any longer.

Vocabulary

be full of ~으로 가득하다　famous people 유명인　include 포함하다　goal 목표
master 숙달하다

15초 프리토킹 연습

다음 내용을 큰 소리로 말하면서 연습해 보세요.

어릴 땐 내 버킷리스트가 세계 여행을 하거나 유명인을 만나는 등 큰 꿈들로 가득했어. 하지만 지금은 그런 큰 꿈들은 더 이상 좇지 않아. 이제는 영어 회화를 마스터하거나 춤을 배우는 것처럼 현실적인 목표들이 내 버킷리스트에 있어. 이제는 일만 하지 않고, 내 버킷리스트 속 목표들을 이루고 싶어.

When I was younger, my bucket list was full of big dreams like traveling around the world or meeting famous people. But now, I don't chase such big dreams anymore. Now my list includes goals like mastering speaking English or learning how to dance. I don't want to just keep working any longer but achieve my bucket list goals.

실전 롤플레이 프리토킹

프롬프트 확인하기

I'm curious about your bucket list.

어릴 땐 내 버킷리스트가 세계 여행을 하는 것 같은 큰 꿈들로 가득했어.

How about now?

그런 큰 꿈들은 더 이상 좇지 않아.

So, what goals do you have?

이제는 영어 회화를 마스터하거나 춤을 배우는 것처럼
현실적인 목표들이 내 버킷리스트에 있어.

Day 99 5년 후 In Five Years

오늘의 표현

run my own small business 내 작은 사업을 운영하다	speak English well enough 영어를 충분히 잘하다	travel anywhere freely 어디든 자유롭게 여행을 다니다
a more relaxed lifestyle 더 여유로운 삶	In Five Years	read many books 책을 많이 읽다
visit art exhibitions 전시를 보러 가다	try all the hobbies 모든 취미에 도전하다	before it's too late 너무 늦기 전에

오늘의 문장 구조

too/as well/also(또한)로 말하기: too는 가장 일상적인 표현, as well은 부드럽고 공손한 느낌, also는 격식적인 느낌에 자주 써요.

1. 가족과 함께할 시간도 더 갖고 싶어.
   I want to spend more time with my family, too.

2. 전시나 공연도 자주 가고 싶어.
   I would love to visit art exhibitions or concerts as well.

3. 해 보고 싶었던 취미들도 전부 도전해 보고 싶어.
   I also want to try all the hobbies.

Vocabulary

run 운영하다　small business 작은 사업체　freely 자유롭게　relaxed 여유로운
visit 방문하다　exhibition 전시회　explore 도전하다, 탐구하다

15초 프리토킹 연습

다음 내용을 큰 소리로 말하면서 연습해 보세요.

> 5년 후엔 내 작은 사업을 운영하고 싶어. 가족과 함께할 시간도 더 갖고, 영어를 잘해서 해외 어디든 자유롭게 여행을 다니고 싶어. 여유로운 삶 속에서 책도 많이 읽고, 전시나 공연도 자주 가고 싶어. 그리고 너무 늦기 전에 그동안 해 보고 싶었던 취미도 전부 도전해 보고 싶어.

In five years, I want to run my own small business. I want to spend more time with my family and I want to speak English well enough to travel anywhere freely, too. With a more relaxed lifestyle, I would love to read many books and visit art exhibitions or concerts as well. I also want to try all the hobbies I've always wanted to explore before it's too late.

실전 롤플레이 프리토킹

AI

프롬프트 확인하기

How will you be living in five years?

5년 후엔 내 작은 사업을 운영하고 싶어.

That sounds great! Do you have any other goals?

영어를 잘해서 해외 어디든 자유롭게 여행을 다니고도 싶어.

Anything else you want to do?

그리고 너무 늦기 전에 그동안 해 보고 싶었던 취미도 전부 도전해 보고 싶어.

Day 100 10년 후 In Ten Years

오늘의 표현

have a good life 잘 살다	either in Korea or abroad 한국이나 해외 어디에서든	a job that makes me happy 내가 행복한 일
create something new 새로운 것을 창작하다	In Ten Years	travel more often 여행을 더 자주 다니다
learn new things 새로운 것들을 배우다	enjoy the little moments 작은 순간들을 즐기다	future I dream about 내가 꿈꾸는 미래

오늘의 문장 구조

either(둘 중 하나)로 말하기: 'either A or B(A 또는 B 둘 중 하나)' 형태로 쓰며, 두 가지 선택지 중 하나만 가능함을 나타내요.

1. 한국이나 해외 어디에서든 잘 살고 있을 거야.
   I'll have a good life either in Korea or abroad.

2. 가르치거나 새로운 것을 창작하면서 행복한 일을 하고 싶어.
   I hope I can work in a job that makes me happy, either teaching or creating something new.

3. 나는 새로운 것들을 배우거나 여행을 더 자주 다니고 싶어.
   I want to either learn new things or travel more often.

Vocabulary

abroad 해외로 imagine 상상하다 perfect 완벽한 moment 순간
future 미래

15초 프리토킹 연습

다음 내용을 큰 소리로 말하면서 연습해 보세요.

10년 후, 나는 한국이나 해외 어디에서든 잘 살고 있을 것 같아. 그때는 가르치거나 새로운 것을 창작하면서 행복한 일을 하고 싶어. 여행을 더 자주 다니고, 새로운 것들을 배우고 싶어. 삶이 완벽하지는 않겠지만, 작은 순간들을 즐기려고 해. 그게 내가 꿈꾸는 미래야.

In ten years, I think I'll have a good life either in Korea or abroad. I hope I can work in a job that makes me happy, either teaching or creating something new. I imagine traveling more often and learning new things. Life may not be perfect, but I'll try to enjoy the little moments. That's the kind of future I dream about.

실전 롤플레이 프리토킹

AI

프롬프트 확인하기

How do you think you will live in ten years?

나는 한국이나 해외 어디에서든 잘 살고 있을 것 같아.

What kind of work do you want to do then?

그때는 가르치거나 새로운 것을 창작하면서 행복한 일을 하고 싶어.

Anything else?

여행을 더 자주 다니고, 새로운 것들을 배우고 싶어.
그게 내가 꿈꾸는 미래야.

MEMO

MEMO

MEMO

MEMO